KB158577

롱런 브랜드를 만드는 35가지 콘텐츠 공식

감성 콘텐츠

감성 콘텐츠

롱런 브랜드를

가혜숙 지음

SENSIBILITY

35가지

CONTENTS

콘텐츠 /공식/

프롤로그

'콘생' 10년 차 살아남은 비밀, 감성 콘텐츠

당신은 지금 안전지대에 있나요?

10여 년 전 현금인출기 앞. 그날은 월급날이었습니다. 월급 통장에서 신혼 때 마련한 아파트 대출금 이자가 빠져나가고 생활비 통장으로 이체하고 나니 잔고가 거의 남지 않았습니다.

10년 전 그때 저는 결정을 해야만 했습니다. 누구보다 성실했던 회사 생활 뒤에 기다리고 있었던 것은 보상이 아닌 퇴사 위기였습니다. 성장은커녕 뒷걸음치는 일상을 제자리로 돌려놓아야 했습니다. 회사원으로 남을지, 새로운 일을 시작할지 결단해야 했습니다.

그때 저의 선택은 회사 밖에서 일을 시작하는 것이었습니다. 퇴사하고 나서 틈만 나면 서점으로 달려가 자기계발 관련 책을 읽기 시작했습니다. 그야말로 생존을 위한 독서였습니다.

책에서 말하는 내용은 각기 달랐지만 방향은 비슷한 곳을 향하고 있었습니다.

콘텐츠. 남들보다 촉이 빠른 편이었던 저는 직감했습니다. 회사에 소속되지 않고 독립적으로 일하고자 하는 사람들에게 '온라인 비즈니스', '콘텐츠'에 길이 있다는 것을요.

퇴사 후 가장 먼저 실행에 옮긴 일은 당시 폭발적 성장세를 보이던 네이버 블로그 계정을 만들고 콘텐츠를 생산하는 것이었습니다. 점점 더 많은 사람들이 제 콘텐츠를 구독하면서 블로그는 빠른 속도로 성장했습니다. 이를 기반으로 온라인 쇼핑몰 창업, 콘텐츠 강의 및 코칭, 프리미엄 독서 모임 등 여러 개의 사업체를 운영하면서 삶의 스펙트럼을 넓혀가는 N잡러형 1인 기업가가 되었습니다.

남들에겐 없고 나에겐 있는 한 가지

이 모든 것은 우연히 찾아온 기회였을까요? 평범한 필자가 온라인 비즈니스, 콘텐츠 영역에서 10년째 롱런할 수 있었던 이유를 생각해보았습니다. 저에게는 남들과 다른 한 가지가 있었습니다. 바로 콘텐츠에 나만의 감성을 담고자 노력해왔다는 것. '감성 콘텐츠'는 선한 의도와 재미와 의미를 갖춘 내용에 나만의 감성을 담아 신뢰감을 주는 콘텐츠를 말합니다. '감성 콘텐츠'는 새로운 기회를 가져다주고 다양한 확장을 가능하게 해줍니다.

콘텐츠에서 중요한 것은 흔히 팔로워와 '좋아요' 수라고 합니다. 또 온라인 비즈니스에서 마케팅이 가장 중요하다고 합니다. 콘텐츠 관련 책들은 단기간에 유명해지는 법, 폭발적인 인기를 얻는 법, 큰 수익을 내는 법에 초점이 맞춰져 있습니다. 하지만 저는 조금 다른 이야기를 하려고 합니다.

소셜네트워크 서비스 중 하나인 인스타그램의 월간 사용자 수는 10억 명에 달한다고 합니다. 이 수치는 무엇을 의미하는 것일까요? 나날이 성장하는 '콘텐츠' 시장에 기회가 있다는 것입니다.

'콘생'(콘텐츠 생산자) 10년 차, 연일 쏟아지는 콘텐츠 생산자들을 지켜보며 깨달은 것이 있습니다. 한순간 반짝 인기를 끌다가 사라지는 것보다 롱런이 중요하다는 것. 월 얼마를 반짝 버는 것보다 지속 가능한 수익 창출이 중요하다는 것입니다. 오래도록 사랑받는 콘텐츠 생산자, 퍼스널 브랜드를 살펴보니 그들에게는 공통점이 하나 있었습니다. 바로 '무기가 되는 감성 콘텐츠'를 가졌다는 것입니다.

매 순간 새로운 것들이 쏟아지는 시대, 성숙기에 진입한 온라인 비즈니스에서 오래도록 살아남기 위한 답은 '감성 콘텐츠 구축'에 있습니다. 감성 콘텐츠를 무기로 새로운 기회를 만들 수 있고 다양한 확장이 가능하다는 것을 알게 된 후 저는 결심했습니다. 그 비밀을 더 많은 사람들과 나눠야겠다고!

당신에게만 알려주고 싶은 비밀

"그게 가능하겠어?"

"그렇게 한다고 뭐가 달라질까?"

주변에서 들려오는 얘기들, 때때로 내 안에서 나오는 소리를 잠재우고 오늘도 묵묵히 자신의 콘텐츠를 쌓는 분들에게 말해주고 싶습니다.

당신은 지금 잘하고 있으니 지치지 마세요.

물이 끓는점을 넘으면 기체로 변하듯이 임계점 너머에 새로운 기회가 기다리고 있습니다. 한 단계 한 단계 넘다 보면 당신에게도 퀀텀 점프(Quantum Jump, 대약진)의 기회가 찾아올 것입니다.

"콘텐츠, 어디서부터 시작해야 할지 모르겠어요."

회사 생활, 자영업, 프리랜서…… 그 무엇도 더 이상 안전지대가 될 수 없습니다. 이러한 각자도생의 시대에 나를 브랜딩하고 수익도 창출하고 싶지만 무엇부터 해야 할지 막막할 것입니다. 이 책은 콘텐츠에 감성을 담는 것만으로 생산자의 삶을 시작할 수 있다는 것을 알려주고 싶은 마음에서 출발했습니다.

빨리 유명해지는 법, 단기간에 높은 수익을 내는 법, 남들보다 쉽게 이루는 법은 없습니다. 이 책에서는 지치지 않고 콘텐츠 쌓는 법, 콘텐츠에 나만의 감성을 담는 법, 신뢰를 구축하는 법, 남들과 다른 온리원(only one)이 되는 법, 새로운 기회를 만드는 법, 퍼스널 브랜드로 롱런하는 방법을 이야기합니다. '결단', '시작', '궤도', '확장', '롱런'의 각 단계를 지날 때마다 위기는 극복하고 용기를 충전하며 나아갈 수 있도록 돕습니다. '엘슈가의 감성노트'는 실전 공략집으로 여러분의 시간과 노력을 줄여줄 실질적인 방법이 될 것입니다.

홈런 칠 확률이 높은 삶으로의 초대

1인 기업가의 삶을 경험해보니 여유로워 보이는 겉모습과는 달랐습니다. 직장을 다닐 때보다 몇 배는 더 노력해야 버틸 수 있었습니다. 1인 기업가로 일한다는 것은 목표 관리, 마케팅 관리, 고객 관리, 재무 관리, 위기 관리 등 모든 것을 스스로 결정해야 한다는 뜻입니다. 매월 들어오는 고정수입이 없기에 늘

불안하고, 끊임없이 노력해야 자신의 자리를 지킬 수 있으며, 한계를 극복해야만 비로소 나아갈 수 있습니다.

1인 기업을 시작한 후 단기간에 성공해야 한다는 조급함이 찾아왔습니다. 그러나 조급함을 내려놓자 다른 길이 보였습니다. 확률이 낮은 한 방의 홈런을 노리다 번아웃되는 것이 아니라 안타를 꾸준히 쳐내자 홈런을 칠 확률도 점점 높아졌습니다. 그러자 멈추고 싶은 생각은 점점 사라지고 지속할 수 있겠다는 생각이 그 자리를 채웠습니다.

이 책은 1인 기업가로 일하면서 멈추고 싶은 순간이 찾아올 때마다 오히려 더 나아가기 위해 노력해온 한 사람의 고군분투에 대한 기록입니다. 갑자기 찾아온 코로나19가 모든 것을 앞당겨 놓은 시대, 우리 앞에 놓인 끊임없는 변화와 위기 속에서도 나만의 감성을 담은 콘텐츠로 신뢰를 쌓고 롱런하는 진짜 퍼스널 브랜드로 가는 여정에 여러분을 초대합니다.

차례

Part 2 시작
삶을 바꾸는 4가지 콘텐츠 생산 공식

Part 3 궤도
감성을 돈으로 바꾸는 기술, 감성 마케팅

Part 5 롱런
감성으로 롱런 브랜드 되는 법

Part 1

결단

새로운 부의 기회,
콘텐츠

1

안전지대를 벗어나자 보이는 것들

회사는 더 이상 안전지대가 아니다

10여 년 전, 우리 부부는 경기도에서 서울까지 회사를 다녔다. 부모님께 물려받은 것 없이 우리 힘으로 시작한 평범한 30대 맞벌이 부부였다. 인사팀의 면담이 있던 날 까마득한 기분이 밀려왔다. 당시 성과를 인정받아 인사고과도 좋았던 내가 인원 감축 대상이 되리라고는 생각지 못했다. 나는 회사에 오래 다닐 수 있으리라 믿었다. 면담의 요지는 이참에 마음의 준비를 하라는 말로 들렸다. 그때 확실하게 느낀 것이 있다.

회사라는 곳이 마냥 버틴다고 버틸 수 있는 곳도, 헌신한다고 해서 언제까지나 나를 지켜주는 곳도 아니라는 점이었다. 회사가 더 이상 안전지대가 아니라는 생각이 들자 불안함과 두려움이 찾아왔다. 회사 생활을 더 지속한다고 해도 삶이 더 나아질 것 같지 않았다. 그래서 퇴사를 선택했다.

퇴사를 결심한 이유는 또 있었다. 회사 일을 하느라 나 자신과 가족에게 중요한 일들을 외면한 지 오래였다. 아이의 하루 일과 들어주기부터 어린이집 설명회, 운동회, 재롱 잔치 등 주요 행사에 제때 참여하지 못했다. 부동산, 주식, 각종 투자 등 자산을 불리는 데 필요한 '돈 공부'도 뒷전이었다. 주변에서 서울에 집을 샀네, 큰 평수로 옮겼네, 투자한 게 대박이 났네, 하는 말이 들려올 때면 상대적 박탈감이 들었다. 남보다 열심히 회사에 다녔는데도 내 인생은 제자리걸음, 아니 오히려 퇴보한 느낌이었다.

퇴사 직후 서점으로 달려가 자기계발 책들을 읽기 시작했다. 그리고 온라인 콘텐츠의 힘이 점점 커질 것이라는 생각이 들었다. 콘텐츠에 길이 보였다. 처음부터 한 가지 일을 정하는 것이 아니라 N잡러로 다양한 일을 해보고 그중 잘되는 분야로 전환하는 피보팅(pivoting) 전략을 택하기로 했다. 평생직장, 평생직업의 개념이 사라졌기 때문이다.

이제는 시대의 흐름을 파악하고 그때그때 잘되는 일을 찾아서 하는 시대이다. 잘되는 사업의 주기는 점점 더 짧아질 것이다. 따라서 새로운 분야에 대해 모른다고 포기할 것이 아니라 배움과 동시에 적용해야 한다. 우리 부부는 한 명이 직장을 다니고 있었기에 다른 한 명은 사업을 시작할 수 있었다. 해보고 안 되면 다시 회사로 돌아가는 가능성도 열어두었다.

퇴사 시점에 한 가지 아쉬운 점이 있었다면 온라인에 나를 알리는 작업을 미리 해두지 않았다는 것이었다. 회사에 다니는 동안 콘텐츠를 쌓아두었더라면 퇴사 시점에 그렇게 막막하지 않았을 것이라는 생각이 들었다. SNS 계정 만드는 것조차 미뤘던 것이 후회되었다. 직장인에서 1인 기업가, 인디펜던트 워커(Independent Worker)로 아무런 완충 장치 없이 다시 0부터 시작해야 했다.

퇴사하자마자 실행한 일은 가파른 성장세를 보이던 '네이버 블로그'에 내 블로그를 만들고 육아 및 쇼핑 꿀팁, 육아맘 추천 책, 자기계발 방법 등 접근하기 쉬운 정보성 콘텐츠를 올렸다. 그러자 많은 사람들이 내 블로그를 구독하기 시작했고 포스팅이 포털사이트 메인에 올라가기도 했다. 진정성을 담은 내 콘텐츠를 좋아하는 사람들이 점점 더 늘어났다.

그러던 어느 날 동시다발로 판매 요청이 쏟아지기 시작했다. 마케터로 일했던 나는 이 기회를 놓치지 않고 일로 연결했다. 일정 기간 이상 써본 제품을 공구 형태로 판매했다. 이를 계기로 첫 사업인 온라인 쇼핑몰을 창업할 수 있었다. 거기에 강의, 코칭, 집필, 독서 프로젝트 등 지식 콘텐츠 사업을 추가하며 활동 영역을 넓혀갔다.

생산자의 삶, 이제 당신이 결단을 내릴 차례다

'당신은 지금 안전지대에 있나요?' '그렇다'고 대답한 분들에게 생산자의 삶을 시작해야 한다고 말해주고 싶다. 나는 안전지대란 없다는 것을 일찌감치 경험했다. '그렇지 않다'고 답한 분들에게는 그럴수록 지금 시작해야 한다고 말해주고 싶다. '나'라는 브랜드를 세상에 알리는 일을 더 이상 미루지 말고, 온라인에 나만의 콘텐츠를 차곡차곡 쌓아나가야 한다.

오늘 일반적인 일이 내일은 더 이상 일반적인 일이 아닐 수 있다. 변화와 위기 앞에서 그 무엇도 나와 우리 가족을 지켜주지 못한다. 차곡차곡 쌓은 콘텐츠를 신뢰로 연결하고 그것을 발판 삼아 새로운 기회를 만들고 확장하는 일을 지금 바로 시작해야 한다.

회사 밖에서 독립적으로 일하는 콘텐츠 생산자의 삶을 시작한 후 알게 된 것이 있다. 진심을 담아 생산한 콘텐츠가 나를 대신해 일하며 새로운 기회를 가져다준다는 것이다. 나만의 감성을 담은 콘텐츠로 신뢰를 얻고 오래 살아남는 롱런 브랜드 되는 길, 이제 당신이 결단을 내릴 차례다.

2

자본 없이
창업 가능했던 이유,
감성

"콘텐츠 성공 여부를 분석하는 여러 측정 지표가 있지만 그 중에 최고는 구독자 수다."(『콘텐츠로 창업하라』, 조 풀리지)

사업을 시작하게 해준 감성 자본

블로그를 개설하고 육아, 쇼핑, 자기계발 등 정보성 콘텐츠를 꾸준히 발행하며 소통해오던 어느 날 사람들이 동시에 비슷한 요청을 하기 시작했다.

콘텐츠 마케팅이라는 용어를 만든 조 풀리지의 『콘텐츠로 창업하라』에 나오는 "상품 없이 먼저 대중의 관심을 사로잡아 창업하라"는 대목이 떠오르는 순간이었다.

나는 사람들의 요청에 따라 본격적으로 쇼핑몰을 운영하기로 결정했다. 나를 믿고 구매해준 고객들과 관계를 유지하고 싶었기 때문이다. 나에게 시간과 비용을 기꺼이 지불할 의사가 있는 '팬층'을 확보하면 마이크로 인플루언서도 지속적인 수익을 창출할 수 있다는 확신이 들었다.

새로운 일을 시작하거나 창업할 때 중요한 것 중 하나는 '자본'이다. 한때 무자본 창업이라는 키워드가 선풍적인 인기를 끌었고 지금도 여전히 대중의 관심사 중 하나다. 넉넉한 자본을 가진 사람을 제외하고 누구든 적은 자본으로 창업하고 싶은 마음은 비슷할 것이다.

회사에 다닐 줄만 알았지 사업은 '1도 몰랐던' 워킹맘이 사업자 등록을 하고 창업 시점부터 지금까지 10년 동안 지속적으로 수익을 내며 사업을 이어올 수 있었던 것은 넉넉한 '자본'이 뒷받침되었기 때문이 아니다.

내가 다른 사람들과 달랐던 한 가지는 콘텐츠에 나만의 감성을 담아 소통하려고 노력했다는 점이다. 사업을 시작할 수 있었던 것은 금전적 자본이 아니라 감성 자본이 있었기 때문이다.

나만의 감성은 다른 100명, 1,000명, 1만 명과 차별화된 온리원(only one)이 되도록 해준다. '나'라는 퍼스널 브랜드가 그저 비슷비슷한 사람 중 하나에 머물지 않게 해주는 무기가 된다. 캐나다의 마케터이자 강연자 빌 비숍은 『핑크펭귄』에서 "평범한 펭귄은 묻힌다. 핑크펭귄이 되어야 한다"고 말했다. 콘텐츠 세계에서 핑크펭귄이 되는 방법이 바로 '감성'에 있다.

감성을 콘텐츠에 담는 데 돈이 필요할까? 별도의 비용이 들지 않는다. 콘텐츠는 내가 하는 일을 홍보해주면서도 횟수 제한도 없고 비용도 들지 않는 '0원 광고판'이라고 할 수 있다. 콘텐츠를 쌓을수록 타깃의 인식 속에 각인될 가능성이 높아지니 광고비 절감 효과가 있다. 감성 콘텐츠가 축적될수록 나에게 자본이 되어 돌아온다고 할 수 있다.

콘텐츠에 나만의 감성을 담는 것이 쉬운 일은 아니다. 호기심이라는 렌즈를 통해 세상을 다양하게 보려는 마인드를 가지고, 책이나 음악, 드라마, 영화, 미술 작품 등 다양한 문화 콘텐츠를 가까이하면서 감성을 키우려는 노력이 필요하다. 잘 만들어진 감성 콘텐츠를 연구하고 벤치마킹해서 장기적으로 꾸준히 노력한다면 자본을 뛰어넘는 '가치'를 창출할 수 있다.

나에게만 있었던
특별한 무기,
감성 콘텐츠

"감성의 법칙 - 사람들은 마음을 움직이는 감성적 주제를 공유한다."(『컨테이저스 전략적 입소문』, 조나 버거)

감성 콘텐츠의 진짜 정의

"블로그와 인스타에 올린 글과 사진에서 진정성이 느껴져요."

"쇼핑몰 분위기가 좀 다른 것 같아서 구매해요."

1인 기업 3년 차. 사업이 궤도에 올라 월급 이상의 수익을 내기 시작할 무렵 고객 후기와 설문조사에서 받았던 피드백이다. 그전까지는 내 콘텐츠의 차별점을 잘 알지 못했다. 피드백을 받고 역으로 분석해보니 차별점은 한마디로 '감성'이었다.

감성 콘텐츠란 콘텐츠를 생산할 때 감성(sensibility)을 중요하게 생각하고 '나다움'을 담은 콘텐츠를 말한다. 어디서 본 듯한 것, 남들을 따라 하는 것이 아닌 내가 오관으로 느낀 점을 진솔한 스토리에 담아내는 것이다. 한마디로 내 콘텐츠에 '차별화=한 끗 차이'를 주는 것이 감성이다.

이때 중요한 것은 감성에 '목적'이 있어야 한다는 점이다. 목적이나 내용 없이 감성만을 앞세우다 자칫 '감성팔이'로 보여지는 것을 경계해야 한다. 목적을 염두에 두면서 꼭 필요한 감성만을 담아내는 것이다.

콘텐츠에 감성을 담는 목적 중 하나는 바로 '신뢰 구축'이다. 콘텐츠로 소소한 즐거움을 추구하는 것을 넘어 새로운 기회를 창출하고 확장해나가려면 무엇보다 신뢰가 필요하다. 코로나19 이후 우리 사회에서 더욱 중요해진 개념 중 하나로 '안전'을 들 수 있다. 사람들은 점점 더 안전하지 않은 것, 신뢰할 수 없는 것을 선택하는 모험을 하지 않으려고 한다. 시장이 성숙기에 접어들수록 신뢰할 만한 기업과 브랜드가 살아남을 것이라는 전망도 이와 같은 맥락이다.

1인 기업, 퍼스널 브랜드도 예외는 아니다. 참신함으로 잠깐 사람들의 눈길을 끌 수는 있지만, 결국 오래도록 선택받고 살아남는 것은 신뢰감을 주는 1인 기업, 퍼스널 브랜드이다. 그러므로 콘텐츠 생산과 퍼스널 브랜딩도 '신뢰 구축'이 필수다. 감성을 담은 콘텐츠가 나라는 브랜드에 대한 신뢰를 높이는지,

방해 요소는 아닌지 반드시 검토해야 한다.

감성의 목적이 '신뢰도'라고 한다면 구구절절 시도 때도 없이 감상주의에 빠지거나 자기애의 과잉, 수식어의 점철이 되어서는 안 된다. 기승전결에 따라 문법에 맞게 핵심적인 관점을 담아내는 것이 중요하다.

감성 콘텐츠 지양점	감성 콘텐츠 지향점
구구절절	원 포인트(핵심)
맥락 없음	기승전결
감상주의, 자기애 과잉	객관화, 자제력
수식어 점철	문법에 맞게
느낌적 느낌	구체적인 것

감성 콘텐츠 3단 공식

감성 콘텐츠 생산을 위한 3단 공식은 다음과 같다.

1단계 스토리의 기승전결 구조 짜기

우선 하고자 하는 이야기를 기승전결에 맞게 적어본다. 소설에서 플롯이 중요하듯 콘텐츠도 기승전결이 중요하다. 모든 글에는 도입-전개-절정-마무리가 있어야 한다. 경우에 따라 생략할 수는 있어도 이야기의 흐름은 기본적으로 이 구조를 따라야 한다. 기승전결을 생각하지 않고 글을 쓰는 것은 총알 없이 전쟁터에 나가는 것과 같다.

콘텐츠에서 가장 기본이 되는 것이 바로 스토리다. 『연금술사』를 쓴 세계적인 베스트셀러 작가 파울로 코엘료는 "스토리텔링의 힘은 그 무엇으로도 이을 수 없는 간극을 잇는 것이다"라고 말했다. 스토리로 콘텐츠 생산자와 소비자, 판매자와 구매자를 이을 수 있다.

감성 콘텐츠 생산 1단계는 수식어와 사족 등을 버리고 기승전결을 생각하며 차분히 스토리를 써보는 것부터 출발해야 한다.

2단계 콘텐츠에 감성 입히기

감성 콘텐츠 생산에서 두 번째 할 일은 스토리에 담고 싶은 감성을 입히는 작업이다. 이때 감성은 여러 개가 아닌 하나를 추천한다.

감성의 재료가 되는 '감정'의 종류에는 어떤 것들이 있을까?

우리가 느끼는 모든 감정들이 포함될 것이다. 영화 〈인사이드 아웃〉에서는 대표적인 감정으로 두려움, 슬픔, 기쁨, 혐오, 분노를 들었다. 동양 철학에서는 칠정(七情)이라고 해서 기쁨(喜), 분노(怒), 슬픔(哀), 즐거움(樂), 사랑(愛), 증오(惡), 욕망(慾)을 말한다. 이 밖에도 희망, 아쉬움, 소탈, 초월, 겸허 등 우리가 오관으로 느끼는 다양한 감정들이 모두 포함된다.

그런데 왜 콘텐츠에 하나의 감성만을 담아야 할까? 하나의 콘텐츠에 여러 개의 감성을 담는다면 혼란을 줄 수 있기 때문이다. 여러 개의 감성이 섞이면 무엇을 이야기하고 싶은 건지 핵심이 흐려지기 쉽다. 여러 가지 색의 물감을 섞으면 어떤 색인지 명확하게 알 수 없는 것과 같다. 혼재되어 있으면 무슨 말을 하려는 것인지 제대로 전해지지 않는다. 그러므로 하나의 콘텐츠에는 중심이 되는 하나의 감성을 담는 것이 효과적이다.

3단계 콘텐츠 퇴고하기

글쓰기가 아닌 콘텐츠 생산에도 퇴고가 필요할까? 퇴고는 콘텐츠 생산에서 반드시 포함해야 할 중요한 과정이다. 퇴고는 내 콘텐츠가 나날이 발전하도록 도와준다. 물론 퇴고에도 기준이 있다.

첫 번째, 이 콘텐츠는 유용한가? 콘텐츠의 유용성, 즉 보는 이에게 어떤 도움을 주는지 검토한다. 실질적인 도움을 주는지, 공감이나 재미를 주는지, 각인시키는지 등을 검토해보았을 때 하나라도 있다면 그 콘텐츠는 '존재의 이유'가 있는 것이다.

두 번째, 부정적인 내용은 없는지 검토한다. 의도하지 않았지만 누군가에게 피해를 주거나 상처 주지 않았는지, 누군가를 조롱하거나 비난하려는 의도가 없는지 검토한다. 『선량한 차별주의자』(김지혜)라는 책을 관통하는 주제와 같이 우리는 의도하지 않았지만 누군가를 차별하고 있을지도 모른다.

세 번째, 콘텐츠가 나의 신뢰도에 기여하는지 검토한다. 이 콘텐츠를 업로드했을 때 나라는 퍼스널 브랜드의 신뢰 구축에 기여하는지, 방해 요인으로 작용하지 않는지를 최종 점검한다. 가끔 가볍게 올리는 일상 콘텐츠도 있을 것이다. 공감을 불러일으키기는 쉽지만 근거 없는 가십에 관한 것이라면 생산하지 않는 것이 낫다.

그 밖에도 콘텐츠를 올릴 때 '좋다'는 느낌만 표현하는 것이 아니라 쓰임새를 설명해본다. 나는 이런 좋은 것을 사용하는 사람이라는 것을 알리기보다 이런 쓰임새로 사용한다는 목적을 명확하게 담는 것이다. 사진도 필터를 과도하게 사용하기보다 단순한 이미지를 사용한다. 감정이 과잉되지 않고 스토리와 잘 맞는지도 점검한다.

감성 콘텐츠의 정의와 생산을 위한, 3단 공식에 대해 살펴

봤다. 콘텐츠 생산에서 잊지 말아야 할 것이 있다. 구체적인 목적에 맞는 내용과 표현으로 콘텐츠를 생산할 때 내가 원하는 대상과 만날 수 있다는 것이다.

감성을 콘텐츠에 담는 형식은 글, 사진, 영상 등 다양하다. 여기서 중요한 것은 그 감성이 나를 대변해줄 '나만의 감성'이어야 한다는 점이다. 느낌적 느낌이 아니라 구체적이면서도 남들과 다른 차별점을 가져야 한다.

지나친 과잉이나 생략이 아니라 탄탄한 핵심, 문법에 맞는 표현, 본질을 벗어나지 않는 단순한 이미지로 콘텐츠를 만들어 보자.

탄탄한 스토리 구조

+

문법에 맞는 표현

+

적합한 감성 입히기

=

감성 콘텐츠

진심 담은 감성 콘텐츠 만들기

나만의 감성이란 주관적인 관점이다. 내가 옳다고 생각하고 실천하는 것들, 그래서 자연스럽게 가치관과 철학이 된 것들이 바로 '감성'이다. 내 감성을 담았다는 것은 내 관점과 철학을 담았다는 뜻이다. 이러한 감성에는 '진심'이 담겨 있다. 콘텐츠에 진심이 담겼다면 사람들은 당신에게 끌릴 것이다. 다듬어지지 않은 투박함이 있더라도 말이다.

사례 1 변수 대처에도 감성을 담다

내가 운영하는 온라인 쇼핑몰의 주력 상품은 일상에 편안함을 주는 제품들이다. 양말도 그중 하나다. 신상품 론칭 이벤트로 구매 고객 증정 행사를 기획, 온라인에 공지했고 신상품 소식을 기다린 사람들은 주문을 이어갔다. 마감과 동시에 발주를 위해 공장에 연락했는데 며칠 사이 제품이 품절되었다.

이런 경우를 대비해 쇼핑몰 운영자는 어느 정도 수량을 확보하고 나서 주문을 받는다. 하지만 양말은 금방 품절되는 품목이 아니기에 예상하지 못했다. 밤새 양말을 찾아 헤맸고 다행히 상품을 보유한 곳을 찾아내 문제없이 진행할 수 있었다.

콘텐츠에 이러한 스토리를 압축적으로 담았고 돌아오는 길에 들렀던 카페에서 마신 커피 사진을 함께 올렸다. 여기서 중요

그래서 제가 어제밤 오늘 낮 한 일은?
폭풍 수소문을 통해 큰 도매 거래처에 이 제품을 수소문했고 두군데 정도 컨텍을 했어요 바로 입금하고 오늘 영업 시작하는 시간에 맞춰 다녀왔지요. 안 그랬으면 주말 프로모션에 참여한 몇십분의 고객분들께 양해를 구할 뻔 했답니다.

간만에 수습이라 심장이 쫄깃했습니다. 당연한 건 없다는 것. 시장은 생물이라 늘 변화하고 있다는 것. 그 변화에 발맞춰야 살아남을 수 있다는 것을 배우게 되었지요.

그리고 돌아오는 길 지인과 만나 잠깐의 휴식시간. 사실 이 시간들 덕분에 어제 오늘 종종 걸음을 해도 괜찮은 것이겠지요.

왜 그렇게까지 하냐고 하면
약속이 중요하기 때문이에요.

다른 것으로 대체나 양해를 구하는 방법도 있겠지만
그것보다 먼저 할일은 선택해준 분들과의 약속을 끝까지 지키는 것.
저는 이것이 무엇보다 중요한 사람이기 때문입니다.

한 포인트는 내 힘듦을 호소하는 것이 아니라 문제를 해결하기 위한 노력과 왜 그렇게까지 노력했는지를 이야기하는 것이다.

사람들은 대책 없는 고생담을 듣는 것보다 그것을 어떻게 해결했는지를 듣고 싶어 한다. 자연스럽게 내가 어떤 태도로 일하는지, '업에 대한 철학'까지 전달할 수 있으니 일석이조의 효과를 얻는다. 고객의 구매, 우리 브랜드에 대한 애정이라는 왕관을 쓰기 위해 그 무게를 견딘다는 것, 즉 책임감이라는 감성을 담은 사례이다.

사례 2 계정 해킹 복구 경험담을 공유한 책방

최인아책방을 운영하고 있는 최인아 대표의 인스타그램 개인 계정에 '책방 계정이 해킹당했으며 현재 복구 중'이라는 글이 올라왔다.

평소 관심을 가지고 구독하는 계정이라 안타까운 마음이 들었는데 며칠 뒤 책방 계정과 개인 계정에 '해킹당한 책방 계정은 보안 전문가의 도움을 받아 복구되었으니 안심해도 좋다'는 글이 올라왔다. 거기에는 책방 계정이 해킹당한 이유와 해결 방법까지 상세히 적혀 있었다. 게시글을 본 사람들은 응원하는 댓글에 해킹당한 계정을 되찾는 방법을 알려줘서 고맙다는 인사를 덧붙였다.

이 또한 감성 콘텐츠다. 사람들에게 도움이 되도록 계정 해킹을 해결하는 과정과 방법을 공유했기 때문이다. 이 글을 계기로 사람들은 책방 계정과 그 운영자를 더 가깝게 느끼지 않았을까? 이러한 콘텐츠가 쌓이면 궁극적으로 신뢰받고 사랑받는 브랜드에 더욱 가까워질 것이다. 감성 콘텐츠가 주는 효과가 바로 이런 것이다.

사례 3 감성 섬네일로 대박 난 유튜브 채널

음악 플레이리스트로 유명한 유튜브 채널이 있다. 어느 날부터인가 감각적인 인스타그래머의 사진 속에서 오른쪽 이미지처럼 같은 영상을 편집한 화면이 들어 있는 집스타그램(집을 소재로

출처 : 'essential;' 유튜브 채널

한 게시글)이 종종 눈에 띄었다. 화면에 보이는 'essential;'이 무엇인지 궁금해서 유튜브에서 검색해보았다. 그 채널은 약 90만 명 이상의 구독자를 보유한 음악 플레이리스트 채널이었다.

다양한 음악 플레이리스트 채널 중에 왜 사람들은 NHN벅스가 운영하는 이 에센셜 채널을 선호할까? 핵심 부문인 음악 큐레이션을 잘하는 것은 기본이고 그것을 넘어서는 차별점이 있을 것이라고 예상했다.

분석해보니 영상의 얼굴이라고도 할 수 있는 섬네일에 감성 이미지를 사용했다는 점이었다. 이 채널은 유튜브 특성상 사람들이 영상을 플레이할 때 화면이 켜져 있다는 점, 또 예쁜 것을 공유하고 싶어 한다는 점을 영민하게 활용했다. 콘텐츠에 감성을 담아 성공한 사례이다.

사례 4 짠테크, 절약 방법을 공유하는 주부 유튜버

육아를 하며 생활 속 절약 방법에 관한 영상을 올리는 유튜브 채널에 어느 날 요리 영상이 올라왔다. 어묵볶음, 카레, 진미채볶음 등 특별할 것 없는 음식이었다. 그런데 구독자 입장에서는 오히려 이런 평범한 것이 좋았다. 유튜버는 요리가 좀 서툴더라도 생활비는 절약하고 아이들에게는 따뜻한 집밥을 해주기 위해 프라이팬을 잡았다고 했다. 타닥타닥 나무 도마에 야채 써는 경쾌한 소리, 우당탕 아이들 뛰는 소리, 볶는 중에

프라이팬 밖으로 튀어나간 어묵 한 조각 등 즐거운 요리 과정이 그대로 담겨 있었다. 요리 전문 유튜버가 아니라도 요리 영상을 찍으려면 '이 정도는 해야지', '좀 더 있어 보여야지' 하는 느낌이 그 영상에는 없었다. 조금 서툴더라도 있는 그대로 보여주는 진솔함이 돋보였다. 말하자면 투박한 영상에 담긴 그녀의 진심이 그대로 전해진 것이다.

메타버스에도 필요한 것, 감성

메타버스는 초월을 의미하는 메타(Meta)와 세계를 의미하는 유니버스(Universe)의 합성어로, 자신의 아바타를 이용해 현실세계처럼 사회, 경제, 문화 활동을 하는 3차원의 가상세계를 말한다. 언택트 시대에 놓쳐서는 안 될 큰 흐름이 된 메타버스는 무궁무진한 가능성을 품고 있다.

이제 메타버스라는 가상공간에 아바타라는 또 하나의 내가 살아 숨 쉰다. 이렇듯 현실세계, 온라인 세계, 가상세계 등 다양한 층계(레이어)에서 다양한 자아를 가진 사람들과 살아가는 시대에 남들과 다른 유일무이한 존재가 되기 위해 나만의 감성을 콘텐츠에 담는 것은 플러스알파를 넘어 필수 조건이라 할 수 있다.

국내 메타버스의 권위자로 꼽히는 김상균 교수는 『메타버스』에서 "메타버스에 과학 공학적 기술이 필요하지만 그게 전부는 아니다"라며 "인문학적 감수성과 철학이 결여된다면 메타버스는 신기술의 전시일 뿐이다"라고 말했다. 메타버스에서도 인문학적 감수성이 중요하다는 점을 지적하는 대목이다.

조금 느려 보여도 정석대로 가는 것이 빠른 길이라고 생각했다. 하루에도 수많은 1인 기업이 생기고 없어지는 온라인 비즈니스 세계에서 나만의 무기로 선택한 '감성 콘텐츠'로 10여 년째 사라지지 않고 성과를 내며 성장해올 수 있었다. 정석대로 콘텐츠를 쌓되 감성으로 차별화를 꾀했던 나의 선택이 결과적으로 틀리지 않았음을 시간이 지난 뒤 깨닫게 되었다.

엘슈가의 감성노트 1

감성 콘텐츠가 가져온 변화들

- 내 콘텐츠를 차별화한다.
- 기회가 나를 찾아오게 만든다.
- 원하는 시간과 장소에서 일할 수 있다.
- 나를 대신해서 사람을 만나고 홍보한다.
- 내가 쉴 때, 잘 때, 충전 중일 때도 나를 대신해 일한다.
- 나를 남들과 다른 온리원(only one)으로 만들어준다.
- 나라는 퍼스널 브랜드의 '존재의 이유'를 만들어준다.
- 궁극적으로 자유롭고 주도적인 삶을 살게 해준다.

4

감성 콘텐츠의 핵심, '나다움'

콘텐츠에서 중요한 것, 공감

수많은 콘텐츠 중에서 내 것을 선택하는 결정적인 이유는 무엇일까? 하루에도 수없이 많은 콘텐츠들이 만들어지고 있는데, 내 콘텐츠에 '좋아요'를 누르고 '댓글'을 달게 하려면 어떻게 해야 할까?

사람들은 자신과 비슷한 대상에 관심을 보이고 호감을 느낀다. 그렇기에 '공감' 요소는 사람들이 내 콘텐츠에 관심을 갖게 만드는 매우 중요한 요인 중 하나다. 온라인 콘텐츠의 특성 중 하나가 상호작용이므로 청중(구독자)의 반응이 없다면 생산을 지속하기 어렵다. '좋아요', '댓글', '구독'과 같은 공감을 나타내는 데이터(지표)가 콘텐츠 생산을 지속하는 데 필요한 이유다.

때로는 공감을 넘어서야 하는 이유

여기서 한 단계 더 들어가 보자. 콘텐츠가 구독자의 공감을 얻는 것만을 목적으로 해서는 안 된다. 자칫 타인의 반응을 살피느라 내 이야기가 두루뭉술해지거나 남들과 비슷해지고 있지 않은지 검토할 필요가 있다. 내 이야기는 나만이 할 수 있기에 내 개성대로 끝까지 밀고 나가야 한다.

『박막례, 이대로 죽을 순 없다』에서 박막례 할머니는 "남의 장단에 맞추지 말라. 내 장단대로 춤추다 보면 나를 마음에 들어하는 사람들이 와서 그 장단에 맞춰 춤을 출 것"이라고 말한다. 내 장단대로 끝까지 밀고 나가는 콘텐츠가 결국 사람들을 끄는 매력을 발산한다.

콘텐츠로 소통하고 공감을 얻는 것은 중요하다. 그러나 그 공감을 넘어서야 할 때가 있다. 이렇게 올리면 남들의 공감을 얻지 못할 것 같아서, 남들이 안 좋게 볼까 봐, 다른 내용이 더 호응이 좋을 것 같아서 등 남의 눈치를 보느라 업로드했던 콘텐츠를 슬그머니 비공개로 전환했던 경험이 한 번쯤 있지 않은가?

다양한 콘텐츠 사례들을 접하다 보면 내 취향을 살려서 '나다움'을 강조한 스토리가 훨씬 인상적인 경우가 많다. 공감도 중요하지만 결국 사람들이 내 콘텐츠를 선택하게 만드는 결정적 요인은 다른 사람들은 갖지 못한 '나다움'이다.

때로는 공감받지 못하거나, 사람들의 반응이 기대에 못 미쳐도 나만의 이야기를 뚝심 있게 밀고 나가보자. 그 콘텐츠를 관통하는 알 수 없는 매력에 이끌린 사람들이 나타날 것이다. 이것이 바로 공감을 넘어서는 경지다. 이 알 수 없는 매력이 바로 콘텐츠에 담긴 '나다움'이 아닐까?

5

데이터의 중요성을 뛰어넘는 힘, 감성

"빅데이터라는 단어는 우리 사회에서 하나의 유행어가 되었습니다. 사람들은 스마트폰을 이용해 자신의 생각을 여러 곳에 알렸고, 그렇게 쌓인 데이터는 한 명 한 명 욕망을 기술하는 근거가 되었으며, 그 욕망의 합은 우리 사회가 합의를 이루어가는 소중한 출발점이 되었습니다."(『그냥 하지 말라』, 송길영)

콘텐츠에서도 중요한 데이터

점점 더 많은 사람들이 온라인으로 삶의 무대를 전환하고 있다. 온라인에 끊임없이 디지털 흔적을 남기는 사람들이 점점 더 많아지는 시대. 코로나19가 그 속도를 10년 앞당겼다는 분석도 있다. 이러한 흐름에서 사람들이 남긴 데이터를 읽을 줄 아는 능력이 점점 더 중요해지고 있다.

콘텐츠 생산에서 감성이 중요하다고 해서 데이터를 소홀히 하라는 뜻은 아니다. 과거에는 경험이나 직관에 따라 결정하는 것이 일반적이었다면 이제는 일상의 작은 부분까지 데이터가 축적되어 데이터에 기반한 의사 결정이 기본이 되었다. 이러한 시대에 적응하고 살아남으려면 디지털에 대한 이해와 통계 해석 능력을 갖춰야 한다. 그리고 이것을 내 업에 연결할 수 있어야 한다. 이를 위해 빅데이터, 그로스 마케팅, UX 등 데이터를 읽고 활용할 줄 아는 능력이 필요하다.

콘텐츠 생산도 예외는 아니다. 유튜브, 네이버 블로그, 인스타그램 등 대표적인 온라인 플랫폼은 유저들에게 데이터를 제공한다. 유저들이 플랫폼을 더 잘 활용하게 만들기 위함이다. 콘텐츠 생산에서 데이터를 활용하는 방법을 플랫폼별로 살펴보자.

네이버 블로그 데이터 활용법

블로그에 포스팅할 콘텐츠를 생산할 때 데이터를 활용할 수 있다. 예를 들어 '통계'를 참고하여 내 블로그의 어떤 콘텐츠를 누가 소비하는지 체크하는 것, '크리에이터 어드바이저(Creator Advisor)'에 들어가 어떤 키워드가 뜨는지 참고하는 것, 포스팅 '제목'을 정하기 위해 검색창에 다양한 키워드를 검색해보거나 키워드 분석 사이트의 도움을 받는 것 등이다. 왜 이런 데이터를 활용해야 할까? 더 많은 사람들이 내 콘텐츠를 소비하도록 유도하기 위해서이다.

인스타그램 데이터 활용법

인스타그램은 사용 계정을 '일반 계정'에서 '비즈니스 계정'(또는 '크리에이터 계정')으로 전환할 때 '인사이트(insight)'로 통칭되는 다양한 데이터가 제공된다. 인스타그램에서 제공하는 '인사이트 기능'은 일정 기간 동안 내 계정에 도달한 계정 수, 노출 수, 프로필 방문 수, 웹사이트 클릭 수 등 계정 관련 지표 및 개별 피드 관련 지표 등을 제공한다. 이처럼 무료로 제공되는 데이터를 콘텐츠 생산과 구독자 증가에 활용할 수 있다.

유튜브 데이터 활용법

유튜브 채널 운영에서 데이터를 활용하는 방법을 알아보자. 로그인 후 유튜브 스튜디오에 들어가면 채널 대시보드가 나오는데 내 채널 성과를 요약해서 보여주는 메뉴다. 좀 더 세부적인 성과 지표를 알고 싶다면 '분석' 메뉴를 클릭한다. 채널 분석에서는 채널 성과 개요, 도달 범위, 참여도, 시청자층에 대한 세부 데이터를 제공한다. 채널 운영자는 제공되는 데이터를 활용해 채널을 더욱 성장시킬 수 있다.

데이터 너머를 볼 줄 아는 힘, 감성

데이터를 읽고 활용할 줄 아는 능력은 특히 홍보 마케팅에서 빛을 발한다. 마케팅 계획 수립 및 성과 측정 시 유용하게 쓰이기 때문이다. 초반 ○○명의 팔로워를 자신의 노력으로 모았다면 이후 팔로워를 확장하기 위해서는 데이터를 분석하고 활용할 줄 아는 능력이 반드시 필요하다.

감성의 중요성을 강조한다고 해서 '숫자=데이터'가 중요하지 않다는 이야기가 아니다. 데이터를 가볍게 생각하고 감성만 강조한다면 중요한 것을 놓칠 수 있다. 데이터는 기본이며 그에 더해 감성을 이해하고 활용할 줄 알아야 한다.

데이터는 홍보 마케팅에 없어서는 안 되는 필수 요소이지만 데이터 너머 사람들의 마음을 움직일 줄 알아야 한다. 이때 사람들의 마음을 움직이는 도구가 바로 '감성'이다. 감성은 데이터를 뛰어넘는 한 차원 높은 마케팅을 가능하게 해준다. 데이터를 단순히 분석하는 데 그치는 것이 아니라 타깃의 니즈(needs)를 읽고 콘텐츠 생산과 콘텐츠 마케팅에 적용할 줄 알아야 한다. 이것이 콘텐츠 생산에서 데이터와 감성의 역할이다.

6

메마른 감성을 콘셉팅하는 법

"저는 감성이 부족한 것 같아요."

"제 글이 좀 딱딱하다는 말을 종종 들어요."

"감성 기르는 법을 배울 수는 없나요?"

감성의 중요성을 잘 알고 있는 사람들에게 자주 듣는 질문이다. 콘텐츠에 감성을 담아야 한다는 것은 알겠는데 어떻게 하면 감성을 기를 수 있을까?

'감성'의 사전적 의미는 '이성(理性)에 대응되는 개념으로, 외계의 대상을 오관(五官, 코·눈·입·혀·귀 등 5가지 감각기관)으로 감각하고 지각하여 표상을 형성하는 인간의 인식 능력'이다.

콘텐츠 세계에서 감성이란 오관을 통해 전달받은 것을 지각하고 그것을 디지털 세계에 적합한 방식으로 표현할 줄 아는 능력이라고 할 수 있다. 좀 더 쉽게 설명한다면 기쁜 것은 기쁘다, 슬픈 것은 슬프다, 노여운 것은 노엽다, 아픈 것은 아프다고 감정을 솔직하게 표현하며 열린 마음으로 소통하는 것이다.

콘텐츠에 감성을 담으려면 우선 오관을 통해 잘 느끼고 잘 표현해야 한다. '오관을 통해 받아들이는 단계'와 '콘텐츠로 표현하는 단계'에서 각각 필요한 스킬업(skill-up) 방법을 알아보자.

1단계 : 오관을 통해 받아들이는 단계

어느 책에 세상에서 스테이크를 제일 맛있게 먹는 방법을 소개하는 내용이 나왔다. 방법은 바로 "난생처음 먹는 것처럼 먹는 것"이라고 한다.

30여 년간 카피라이터로 활동해온 광고인이자 베스트셀러 작가 박웅현의 『여덟 단어』에 '개처럼'이라는 표현이 나온다.

"개는 원형의 시간을 산다. 눈앞에 공이 있으면 공놀이를 하고 주인이 오면 힘을 다해 꼬리를 흔들고, 밥을 주면 태어나서 처음 먹는 것처럼 먹는다." 매일 먹는 밥을 가장 맛있게 먹는 방법은 난생처음 먹는 것처럼 먹는 것이다. 여기에 감성을 기를 수 있는 단서가 들어 있다.

일상에서 마주치는 모든 순간들에 집중하는 것이다. 이를테면 아침 공원의 싱그러움, 아무도 밟지 않은 잔디, 그 잔디에

또르르 맺힌 이슬, 높고 쾌청한 가을 하늘, 갑자기 내리는 비에 와~ 하며 뛰어가는 아이들, 길가에 핀 크고 작은 들꽃, 들꽃이 머금은 각기 다른 자연의 색들, 바람에 흔들거리는 초록 잎사귀들…….

딱히 눈에 띌 것 없는 일상적인 것들이다. 심드렁하게 생각하면 한없이 무미건조한 우리의 일상이다. 하지만 무엇 하나 어제와 같은 것이 없고 내일 당연히 주어진다는 보장이 없다고 생각한다면 순간순간이 소중하게 다가오고 자연스럽게 '지금, 현재'에 집중하게 된다.

감성을 기르고 싶다면 아침에 눈을 떠서 잠들기 전까지 눈에 보이는 모든 것들을 당연하게 여기지 않는 마음을 가져보자. 일부러 호기심을 장착하고 감사하는 마음을 가지는 것이다. 되도록 작은 것에도 내 생각, 관점, 주관을 담아보자.

늘 주위에 있는 것들이라고 당연하게 여긴다면 일상은 이내 지루하고 무미건조해질 것이다. 그렇게 되면 콘텐츠에 담을 감성은 저 멀리 달아나 없어질지도 모른다.

그리고 감성을 키워줄 '책'들을 항상 가까이하자. 일하는 데 필요한 실용서가 아니어도 좋다. 지혜와 통찰, 인간에 대한 이해, 마음 공부에 도움을 주는 인문학, 에세이, 여행기, 소설 등을 읽으면 도움이 된다.

감성 기르는 법을 별도로 가르쳐주는 곳은 없다. 오늘부터 당장 1원도 들이지 않고 감성을 기를 수 있는 방법은 주어진 일상을 당연하게 여기지 않는 것에서 출발한다.

2단계: 콘텐츠로 표현하는 단계

콘텐츠 생산자 10년 차, 사람들에게 농담처럼 '감성 장인'이라는 말을 듣기도 한다. 하지만 나도 처음부터 사람들의 공감을 얻는 감성 콘텐츠를 생산해낸 것은 아니었다. 지금도 초창기 콘텐츠를 보면 나 자신의 이야기로 가득 차서 타인이 들어올 공간이 없다. '나'의 취향을 드러내서 나와 비슷한 사람들을 모아야 한다는 생각이 앞섰던 것이다. 이것은 초심자가 겪기 쉬운 실수 중 하나다.

하지만 콘텐츠는 일기가 아니다. 내 이야기를 온라인에 업로드해 더 많은 사람들과 연결되어 새로운 기회를 만들어가는 것이 핵심이다. 주야장천 내 이야기만 한다면 다른 사람들이 참여할 여지가 없다.

어떤 콘텐츠는 댓글을 남기고 싶은 마음, 즉 참여하고 싶은 마음이 든다. 그런 콘텐츠에는 실제 참여가 많이 일어난다. 반면 '아, 그렇다는 거구나' 하고 넘어가는 독백형 콘텐츠가 있다. 이 둘의 차이는 무엇일까?

콘텐츠에 내 이야기를 하면서도 타인이 참여할 수 있는 '여백'을 담아내는 것이다. 이 원리를 알게 된다면 그동안 조용했던 당신의 SNS 계정도 사람들이 자발적으로 '좋아요'와 '댓글'을 남기는 등 와글와글한 분위기가 형성될 것이다. 당신의 계정도 사람들이 찾아오는 계정으로 거듭날 수 있다.

일상에서 감성을 충만하게 느끼는 능력과 그것을 콘텐츠에 담아내는 능력, 타인이 참여할 수 있는 여지까지 배려하는 능력은 얼마든지 향상할 수 있다. 평범한 나도 지난 10년간 꾸준한 훈련으로 감성을 키워왔으니 당신도 분명히 할 수 있다!

7

'콘생' 10년 차,
1인 기업 운영
비밀 노하우

특별한 재능도, 외모도, 자본도 없이 회사만 다닐 줄 알았던 콘텐츠 비전공자 워킹맘이 빠른 변화를 온몸으로 관통하며 온라인 비즈니스 업계에서 콘텐츠 생산자로 10년째 업을 이어갈 것이라고는 아무도 생각지 못했다. 심지어 나조차도 말이다.

처음부터 목표를 그렇게 잡았더라면 지속할 수 없었을지도 모른다. 이 일을 선택하게 된 결정적인 순간들을 떠올리며 최선을 다하다 보니 사라지지 않을 수 있었다. 신기한 것은 멈추고 싶을 때마다 좋은 기회가 생기고 귀인이 나타나 지금까지 이어올 수 있었다는 점이다.

1인 기업으로 10여 년간 N개의 사업을 운영하며 성장할 수 있었던 영업 비밀을 꼽자면, 안으로는(IN) 나 자신을 믿는 것과 밖으로는(OUT) 약속 지키기를 들 수 있다.

IN 법칙 : 내 넘버원 지지자 되기

1인 기업가라면 어떠한 직종보다 나 자신을 믿어야 한다. 내가 나를 믿지 않으면 한순간에 무너지기 쉬운 것이 1인 기업이다. 다른 사람의 지지는 그다음 문제다. 누구보다 나를 믿는 것이 중요하다. 나를 믿기 위해 구체적으로 실행한 방법이 매일 긍정 선언하기, 플러스 음식 먹기, 투자하듯 운동하기다.

매일 긍정 선언하기는 매일 아침 일과를 시작할 때 카카오톡으로 나에게 다음 문장을 보내는 것이다.

'오늘도 최고의 하루를 보내기로 결단하자.'

아무런 결단도 하지 않고 그저 흘러가 버리는 날들을 경계하고자 스스로에게 보낸 주문이다. 이 활동의 확장으로 운영 중인 프로젝트 단체 톡방에도 일정 시간에 긍정 선언으로 인사를 나누었고 멤버들의 반응도 좋았다.

플러스 음식 먹기는 덜 정제한 것, 덜 양념한 것, 제철 음식 등 내 몸과 마음에 플러스가 되는 음식을 먹는 것이다. 1인 기업은 육체적으로나 정신적으로 고된 직업 중 하나다. 무엇이든 스스로 결정하고 처리하고 결과에 대한 책임도 스스로 져야 한다. 필요한 서류를 만드는 것부터 중요한 제안 발표까지 그야말로 방대한 영역에서 활동해야 한다. 규칙적인 식사는 점점 멀어지고 야식과 폭식은 점점 가까워진다. 자칫 방심하면 '아무거나'로 때우면서 건강을 해칠 수 있다. 사업 초창기를 지나고 느낀 것은 '내가 먹는 것이 나를 말해준다'는 것이다. 그때부터 나를 사랑하고 내 일을 지키기 위한 방법 중 하나로 플러스 음식 먹기를 실천했다.

식습관을 고치고 나서 투자하듯 운동하기를 실천했다. 바쁠 때는 운동이 사치로 생각되기도 하지만, 1인 기업 4~5년 차를 넘어가니 운동이 곧 나에 대한 투자라는 것을 알게 되었다. 지금은 일과에 운동 루틴을 꼭 넣어서 실천하고 있다. 하루라도 빼먹으면 크게 손해 보는 투자라고 생각한다.

OUT 법칙 : 사소한 약속도 잘 지키기

일하기 싫은 날도 약속한 것을 지키기 위해 노력했다. 다른 쉬운 방법을 몰랐기에 그렇게 해왔다. 쇼핑몰이나 강의 관련 설문 조사 결과에서 '신뢰도' 지표가 높게 나오는 요인이 약속을 지켰기 때문이라고 생각한다.

온라인이든 오프라인이든, 누가 지켜보든 그렇지 않든 약속은 무조건 지켜야 한다고 생각한다. 여기에는 나와의 약속, 고객과의 약속, 거래처와의 약속, 콘텐츠 구독자와의 약속이 모두 포함된다.

쇼핑몰 업무에서 중요한 것 중 하나는 '배송 일자 지키기'다. 백화점의 대규모 팝업 스토어 행사에 참여했을 때였다. 판매량을 예측하지 못해서 행사 첫날 준비한 물건이 모두 동났다. 고객은 구매를 원했고 추후 배송으로 현장 주문을 받았다.

그런데 제조사에 연락해보니 해당 원단이 품절되어 더 이상 제작할 수 없는 것이었다. 영업이 끝나고 제조사에 직접 찾아가 사정을 이야기하고 추가 비용은 얼마든지 지불하겠다고 설득해 물건을 확보할 수 있었다. 신규 원단 확보와 추가 제작 비용을 더하니 나에게 돌아오는 마진은 없었다. 하지만 고객과의 약속을 지킬 수 있었다. 그중 일부는 쇼핑몰의 단골 고객을 넘어 지금까지 인연을 이어오고 있다.

재미있는 것은 이때 '감성'의 도움을 받았다는 점이다. 콘텐츠라는 영역은 혼자서는 할 수 없는 일이다. 청중, 즉 구독자들이 있어야 지속 가능하다. 아무런 반응이 없는데 지속하기란 매우 어려운 일이다.

콘텐츠를 생산하는 일이 늘 재미있었던 것은 아니다. 하기 싫은 것을 넘어서 그만두고 싶을 때도 있었다. 그럴 때마다 나의 '구독자=팬'들의 응원이 큰 힘이 되었다. 누군가의 응원이 필요할 때는 그 응원을 감사히 받았다. 또 누군가가 나의 응원이 필요하다면 아낌없는 응원과 지지를 보냈다. 그것이 참으로 큰 힘이 된다는 것을 알게 되었다.

일방적인 것은 오래가지 못한다. 상대방이 보내는 응원만 받고 상대방을 응원해주지 않는 사람들이 있다. 일방적인 응원이 언제까지나 지속되기를 바라서는 안 된다. 이처럼 온라인상의 인간관계도 오프라인과 다르지 않다. 상호작용이 있어야 지속 가능하다.

네트워킹에서도 상호작용이 필요하다. 누구나 반응이 없는 사람보다 반겨주는 사람을 좋아한다. 누군가가 나에게 손을 내밀었다면 반갑게 맞이해주자. 우리 그룹에 들어오기 위해서는 비용이 든다는 일종의 텃세를 부리는 태도는 위험하다. 당신이 다른 커뮤니티에 합류하고자 할 때는 그런 사고가 큰 걸림돌이 될 것이다. 진입 장벽이 높거나 폐쇄적으로 보이는 커뮤니티보다는 사람들이 드나들기 쉬운 유연한 연대가 오래간다.

반대로 누군가와 친해지고 싶어서 손을 내밀 때는 급하게 결과를 재촉하지 않고 느긋함을 가지자. 온라인에서 누군가를 만나 친해지고 싶다고 해서 상대방도 내 속도와 같기를 바라는 것은 내 입장만을 내세운 것과 같다. 왜 내 마음을 알아주지 않느냐고 속상해하다가 되레 멀어질 수 있다. 상대의 속도를 인정하고 기다리자. 방법은 간단하다. 부드러운 넛지(nudge), 즉 손을 내밀고 기다리는 것이다. 때로는 오는 사람 막지 않고 가는 사람 붙잡지 않는다는 쿨한 자세를 가질 필요도 있다. 인연이면 남게 되고, 인연이 아니면 억지로 붙잡으려 해도 소용 없다. 그것을 알아보기까지 시간이 필요하다.

누군가에게 응원을 받았다면 반드시 돌려주자. 가급적 넘치게 돌려줄수록 좋다. 분명 몇 배가 되어 돌아오는 경험을 하게 될 것이다. 잘 잊어버리는 편이라면 잘 보이는 곳에 메모해두어서라도 기억하자.

온라인 비즈니스라는 망망대해를 항해하는 1인 기업, 퍼스널 브랜딩을 오래 지속하고 싶다면 '인 앤 아웃(IN & OUT) 법칙' 법칙을 기억하자. 이때도 '감성의 힘'을 잘 활용한다면 훨씬 수월할 것이다.

엘슈가의 감성노트 2

10년 차 1인 기업가의 영업 비밀

IN 법칙 : 내 넘버원 지지자 되기

- 매일 긍정 선언하기
- 플러스 음식 먹기
- 투자하듯 운동하기

OUT 법칙 : 사소한 약속도 잘 지키기

- 하기 싫을 때도 꾸준히 하기
- 받은 응원 몇 배로 돌려주기
- 건강한 커뮤니티 유지하기

Part 2

시작

삶을 바꾸는 4가지
콘텐츠 생산 공식

1

내 콘텐츠가 일기에 머물지 않으려면

어떤 소재는 생각 속에 머물다 사라져버리고, 어떤 소재는 나만 보는 일기장에 남는다. 그리고 어떤 소재는 콘텐츠가 되어 사람들과 함께 호흡한다. 같은 이야기라도 공중에 사라지거나 일기장에 머무는 것, 사람들이 공유하는 콘텐츠가 되는 것의 차이점은 무엇일까?

첫 번째, 공개의 차이

일기는 그날의 단상을 적으면서 하루를 정리하는 것으로 유일한 독자는 바로 나이다. 일기로 타인과 소통하지 않는다. 반면 온라인에 업로드된 콘텐츠는 다양한 사람들이 보고 좋아요, 댓글, 구독 등 다양한 반응이 일어날 수 있다. 내 이야기를 콘텐츠로 만들어 공개 업로드하면 그것을 매개로 사람들과 소통이 가능해진다.

두 번째, 공감의 차이

일기는 나 혼자 보는 것이기에 '공감'을 나눌 일이 거의 없다. 반면 공개된 콘텐츠는 사람들과 연결되어 공감이라는 반응을 일으킨다. 사실을 전달하는 콘텐츠보다 감성이 담긴 콘텐츠일 경우엔 더욱 그렇다.

공감을 나누면 어떤 일이 벌어질까? 사람들이 내 이야기에 관심을 가지고 관여하면서 관계를 맺고 일부는 팬이 된다. 팬이 된다는 것은 나를 믿고 함께한다는 뜻이다. 그렇기에 공감은 어떤 일의 시작이 될 수 있다.

세 번째, 나를 성장시킨다

일기는 굳이 잘 쓰려고 노력하지 않아도 된다. 나의 하루를 돌아보기에 적합한 형식이면 된다. 하지만 콘텐츠는 다르다. 생각을 정리해 온라인에 공개해야 하므로 나를 돌아보게 되고 그 과정에서 자아 성찰이 일어나는 것이다. 내가 무엇을 좋아하고 싫어하는지, 무엇은 잘하고 못하는지, 무엇을 두려워하고 기피하는지 알게 된다.

콘텐츠 생산 10년 차. 일방적인 내 이야기가 아닌 사람들과 생각을 나눈다는 관점으로 콘텐츠를 만들다 보니 나를 돌아보는 시간을 가질 수 있었다.

네 번째, 나 대신 일한다

일기는 책상 위의 노트 속에 머물지만 콘텐츠는 24시간 인터넷이라는 망망대해를 돌아다닌다. 사람을 만나고, 친해지고, 설득하고, 수익을 창출하고, 투자를 얻어내기도 한다. 한마디로 나 대신 일하는 시스템이다. 내가 다른 일을 하거나 누군가를 만날 때, 식사를 하거나 잠을 잘 때도 콘텐츠는 일하고 있다.

그렇다면 내 이야기가 일기에만 머물지 않고 콘텐츠가 되려면 어떻게 해야 할까? 가장 중요한 것은 '지금 실행하는 것(Doing now!)'이다. 글을 더 잘 쓰게 되면, 사진을 더 잘 찍게 되면, 영상 찍는 법을 배우게 되면, 이런 고민을 하느라 미루지 말고 지금 시작하라.

계정이 없다면 계정부터 만들자. 계정이 있다면 첫 번째 콘텐츠를 생산하라.

"해내는 것이 완벽한 것보다 낫다(Done is better than perfect)."

메타(구 페이스북) CEO 마크 저커버그(Mark Zuckerberg)의 말이다. 처음부터 완벽하게 할 때까지 기다리는 것보다는 일단 시작하는 것이 낫다. 완성도를 높이려다 보면 아무것도 하지 못하고 시간만 흘러간다. 내 이야기를 만들어서 일단 공개한 다음 나중에 보완해나가면 된다. 조금 미흡해도 먼저 시작하는 사람이 많은 것을 가져가는 시대라는 것을 기억하자.

2

일잘러만 아는 멀티 콘텐츠 기획법

우리 몸은 하나, 하루 24시간이 주어진다는 것은 누구에게나 동일하다. 그런데 남들보다 더 쉽게 더 많은 콘텐츠를 생산하는 사람이 있다. 그 비밀은 무엇일까? 효율적인 콘텐츠 생산은 '콘텐츠 기획'에 달려 있다.

N잡러 콘텐츠 생산자로 다양한 일을 해오면서 적은 투입 대비 더 많은 콘텐츠를 생산해내는 기획법을 늘 고민해왔다. 그 과정에서 쌓은 노하우가 멀티 콘텐츠 기획법이다.

당신을 일잘러로 만들어주는 콘텐츠 기획법 4가지와 실행을 도와줄 '마법의 콘노트'를 소개한다.

1. 미리 법칙

콘텐츠 생산 전에 미리 계획을 짜두는 것이다. 특히 콘텐츠 소재가 될 특별한 행사가 예정되어 있을 때 미리 계획을 세워두면 중요한 것을 놓칠 확률이 줄어든다. 일정이 임박했을 때보다 시간 여유가 있거나 컨디션이 좋을 때 계획을 세워두면 좋다. 그래야 일반적인 기획을 뛰어넘는 창의적인 계획이 가능하다. 또 놓치기 쉬운 부분까지 세밀하게 챙길 수 있다.

비대면 시대에 어렵게 외출했는데 중요한 것을 놓쳐서 다시 돌아와야 한다면 그 자체로 큰 손실이다. 이처럼 계획을 미리 세워두면 중요한 할 일을 놓쳐서 두 번 일해야 할 확률이 줄어든다.

2. 순서 법칙

어떤 일은 일반적인 순서로 진행하는 것보다 콘텐츠로 만들기에 유리한 순서대로 처리하는 것이 효율적이다. 콘텐츠 생산에 효율적인 순서가 따로 있는 것이다. 제품 촬영 콘텐츠, 영업장 방문 콘텐츠, 제품 후기 콘텐츠 생산 시 각각 효율적인 순서가 무엇인지 구체적으로 알아보자.

사례 1 제품 촬영 콘텐츠

의상 착용 사진을 찍는다고 해보자. 화이트셔츠 착용 사진과 코트 착용 사진을 같은 날 촬영해야 한다.

보통은 아우터인 코트 입은 사진을 먼저 촬영하고 나서 이너 착용 사진을 찍을 것이다. 콘텐츠 생산 관점에서 좋은 순서는 화이트셔츠 착용 사진을 먼저 찍고 코트 착용 사진을 찍는 것이다. 이유는 코트를 착용하면 그 속에 이너로 입은 화이트셔츠에 구김이 생기기 때문이다. 이처럼 콘텐츠 생산 관점에서 좋은 순서가 반드시 오프라인에서 일 처리 순서와 일치하는 것은 아니다. 이것을 참고하여 창의적으로 기획한다면 분명 시간과 노력을 줄일 수 있을 것이다.

사례 2 영업장 방문 콘텐츠

식당 등 오프라인 영업장 방문 후기 콘텐츠를 만든다고 해보자. 음식 사진뿐 아니라 인물 사진(셀피)도 촬영한다고 했을 때 '순서'는 음식을 먹기 전 인물 촬영이 먼저다. 보통은 음식 사진과 먹는 사진(영상)을 먼저 확보하는 것이 일반적이다. 그러나 일단 음식을 먹기 시작하면 메이크업은 물론 헤어스타일 등이 흐트러질 수 있기 때문에 음식을 먹기 전에 인물 촬영을 미리 확보해야 한다. 맛집 후기 콘텐츠 생산에서도 '순서 법칙'을 잊지 말자.

사례 3 제품 후기 콘텐츠

제품 후기 콘텐츠를 생산할 때 제품 언박싱(un-boxing) 이미지나 영상이 들어가야 하는 경우가 있다. 이 순서 법칙을 기억한다면 두 번 일하는 번거로움이 없을 것이다. 리뷰할 제품이 도착해서 반갑고 궁금한 마음에 우선 상자부터 뜯은 경험이 누구나 있을 것이다. 그렇게 되면 상자를 뜯지 않은 상태로 되돌려놓고 뜯는 장면을 촬영해야 한다. 두 번 일해야 하는 것이다.

지금부터는 얼른 물건을 보고 싶은 마음을 가라앉히고 사진 또는 영상을 기록할 준비가 되었을 때 상자를 뜯자. 기획할 때 이 순서는 간단하지만 매우 유용한 노하우가 될 것이다.

3. 축지 법칙

축지 법칙은 보다 창의적인 기획이 필요할 때 활용하면 좋은 기획법이다. 축지법은 '도술로 지맥(地脈)을 축소하여 먼 거리를 가깝게 하는 기술'이란 뜻이다.

예를 들어 핫플레이스 식당을 방문하고 생산해야 할 콘텐츠가 있다고 하자. 주요 업무는 식당에 가서 사진과 영상 등을 촬영하는 것이지만 오가는 중에 생산 가능한 콘텐츠 소스가 있는지 생각해보고 할 일 리스트에 추가하는 것이다.

'식사 대용 간편 간식' 후기 미션의 경우 외출 시 제품을 가지고 나와 목적지로 가는 중에 사진과 영상 등을 확보하고, 추후 편집해서 콘텐츠에 사용할 수 있다. '식사 대용 간편 간식'이기 때문에 외출할 때 가지고 나오면 집 안에서 먹는 리뷰보다 생생한 후기가 될 것이다. 실제로 제품을 준비해서 출발했고, 출발 전 차 안에서 찍은 사진으로 후기 콘텐츠를 생산한 적이 있다. 이 사진만을 위해 따로 외출할 필요가 없었기에 시간과 자원이 절약되었고 클라이언트의 반응도 긍정적이었다.

축지 법칙의 핵심은 주요 일정 틈틈이 부수적인 일 처리가 가능하다는 것이다. 큰 맥을 정하고 그 사이사이 작은 일들을 이어가는 방식이다. 축지 법칙을 활용한다면 얼마든지 창의적인 동선을 기획할 수 있다. 이 법칙을 내 것으로 만든다면 한 번의 실행만으로 N개의 콘텐츠를 만들 수 있다. 여러 번 실행하지 않아도 N배의 수익 창출이 가능한 것이다. 이것은 하루 일상을 N배로 살 수 있는 방법이기도 하다.

4. 이왕 법칙

콘텐츠 생산을 위해 준비할 때 이왕이면 한 번에 몰아서 소스를 확보하는 전략이다. 체험단, 인플루언서 활동 등으로 제품 후기를 올린다고 해보자. 이때 제품 사진을 한꺼번에 찍는 것이 훨씬 효율적이다.

예를 들어 심플하고 고급스러운 느낌을 주기 위해 화이트 패브릭 위에 제품을 놓고 촬영하기로 기획했다면 우선 배경이 되는 패브릭을 꺼내야 할 것이다. 패브릭은 보통 접어서 보관하기 때문에 주름이 생겨 사진 찍기 전에 다림질을 해야 한다. 한꺼번에 촬영한다면 매번 다림질하는 노력을 줄이고 콘텐츠 생산은 늘릴 수 있다. 한 번의 작업으로 많은 콘텐츠 소스를 확보해두는 것이 바로 '이왕 법칙'의 핵심이다.

5. 마법의 콘텐츠 노트

"이때 이걸 했어야 했는데!"

"중요한 걸 빠뜨리고 돌아왔네!"

아이 키우면서 매일매일 콘텐츠를 생산하고 여러 개의 사업체를 운영하는 N잡러로 살다 보니 이런 경우가 무수히 많았다. 한 번 갔던 장소를 다시 방문할 때도 많았다. 그렇게 되면 하루가 아니라 며칠을 놓치는 것과 같다. 이러한 일이 발생하지 않도록 고안해낸 방법이 '콘텐츠 노트(콘노트)'를 작성하는 것이다.

콘텐츠 노트에 일정표를 만들어 콘텐츠 기획안을 적어두면 일상적인 생활을 할 때도 콘텐츠 소스 확보와 생산을 할 수 있다. 콘텐츠 기획과 실행을 도와주는 '스마트한 콘텐츠 도구'인 것이다.

별도의 노트가 필요한 것이 아니라 다이어리에 점착식 메모지(포스트잇)를 붙여서 활용하면 간편하게 작성하기 쉽고 눈에 잘 띄어서 놓치는 일도 적다.

먼저 그날 해야 할 일(to do list)을 적고 그 아래에 '콘텐츠 할 일'을 적는다. 현장에서 실행할 때는 콘텐츠 노트를 틈틈이 보면서 그에 따라 차분히 실행하면 된다. 콘텐츠 노트를 꼼꼼히 작성하면 중요한 할 일을 놓쳐 당황하거나 두 번 일할 확률이 줄어드는 효과가 있다. 한 가지 주의할 점은 콘텐츠 노트를 작성해서 가방 속에 넣어두기만 하면 안 된다는 것이다. 틈틈이 꺼내 봐야 빠뜨린 일 없이 실행할 수 있다.

아침에 일어나 밤에 잠들기 전까지 세상에는 우리의 주의를 빼앗아가는 무수히 많은 것들이 존재한다. 복잡한 세상에서 다양한 역할을 수행하는 우리의 뇌는 늘 쉴 새 없이 돌아간다. 오프라인에서 할 일 목록을 빠뜨리지 않고 실행하는 것도 쉽지 않다. 여기에 온라인 콘텐츠를 위한 일까지 머릿속에 기억하고 실행해야 한다면 어느 순간 우리 뇌는 과부하에 걸려버릴지 모른다.

'마법의 콘텐츠 노트'라고 부르는 이유가 바로 여기에 있다. 콘텐츠 노트에 적어서 가시화하고 작성한 순서대로 움직인다면 우리의 뇌는 다른 창의적인 활동에 몰두할 수 있다. 콘텐츠 노트 자체가 콘텐츠 생산을 돕는 시스템이 되는 것이다.

나의 콘텐츠 노트에는 콘텐츠 생산자로서 지난 10년간의 경험이 들어 있다. 중요한 것을 놓치지 않으려는 노력, 두 번 일하지 않으려는 몸부림의 결정체이다. 콘텐츠 노트 작성하는 법을 활용하면 당신도 콘텐츠 부자가 될 수 있다!

콘텐츠 노트 실제 활용 사례

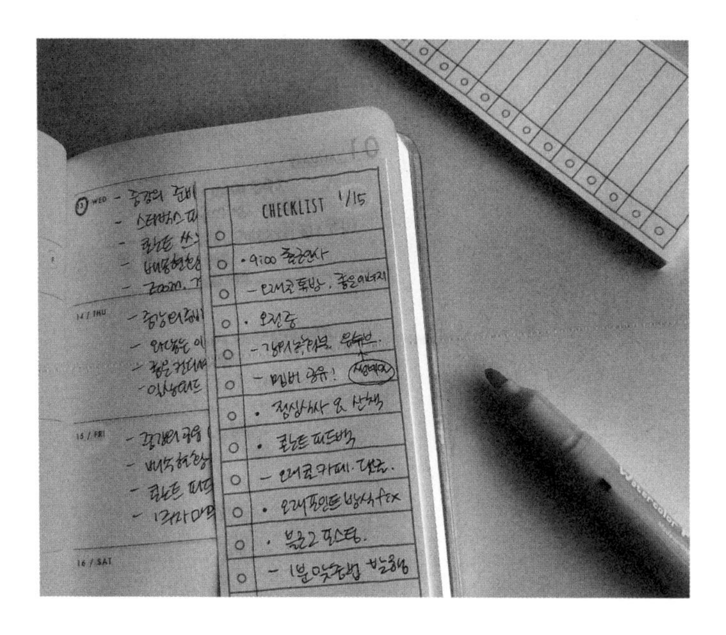

콘텐츠 노트 작성 예시

DATE : 22 / 3 / 16

6:30 AM	기상	- 아침 루틴 하기
8:00 AM	아침 식사	- 그릭 요거트 사진 촬영
10:00 AM	모닝 독서	- 인상적인 페이지 사진 촬영
		- 독서 카드뉴스 제작&업로드
12:00 AM	외출 준비 및 이동	
1:00 PM	점심 식사	- 사진 및 영상 촬영
3:00 PM	카페로 이동 및 회의	- 카페 메뉴 사진 및 영상 촬영
	신제품 협업 미팅	- 카페 내부 인테리어 사진 및 영상 촬영
		- 인스타 커피 피드 올리기 (4시)
5:00 PM	사무실로 이동	- 단톡방 줌 강의 공지 (5시)
		- 거래처 제품 발주 (6시)
9:00 PM	저녁 식사 및 주방 정리	- 유튜브 영상 보기
		- 인상적인 영상 단톡방 공유
10:00 PM	하루 업무 마무리	- 블로그, 브런치, 카카오 뷰☆ 발행하기

엘슈가의 감성노트 3

마법의 콘텐츠 노트 쓰는 법

- 다이어리와 콘텐츠 노트(점착식 메모지)를 준비한다.
- 콘텐츠 노트에 그날의 주요 할 일(to do list)을 적는다.
- 오늘 할 일 바로 아래 '콘텐츠 관련 할 일'을 적는다.
- 현장에서 콘텐츠 노트를 보면서 실행한다.
- 콘텐츠 노트는 중요한 것을 놓칠 확률을 줄여준다.

기억할 점

- 작성하고 가방 속에 넣어두면 안 된다.
- 현장에서 틈틈이 확인해야 빠짐없이 실행할 수 있다.

3

콘텐츠 부자만
아는
멀티 콘텐츠 생산법

멀티 콘텐츠 생산 원리

체험단 활동을 하는 A씨. 한 체험단 사이트에서 '맛집' 체험단으로 선정되어 오늘 해당 식당을 방문할 예정이다. 가기 전 가이드라인을 확인한 뒤 식당을 방문해서 메뉴를 체험할 것이다. 현장에서 확보한 사진과 영상을 편집하여 후기 포스팅을 작성한 뒤 자신의 블로그에 업로드한다. 체험단 사이트에 결과를 공유하고 대행사로부터 관련 리워드를 받는다.

이것은 우리가 아는 일반적인 콘텐츠 생산 방식이다. 하나의 활동 후 하나의 콘텐츠를 생산하고 업로드하는 것, 한마디로 '원-두잉 원-콘텐츠(One-doing, One-contents)'이다.

주어진 미션은 완료했지만 플러스알파는 없다. 코로나19 이후 비대면이 일상화된 시대에 한 번의 외출로 몇 번의 외출을 한 것 같은 효과를 내는 방법이 있다면 어떨까?

하나의 두잉, 즉 활동으로 하나의 콘텐츠를 생산하는 것에 그치지 말고 이것을 멀티유즈(multi-use)로 확대해보자.

매장을 방문해서 사진, 영상 등 소스를 확보하고 블로그에 올리는 일을 처리한다고 하자. 가능하면 하루에 1건이 아니라 한 번에 여러 건을 처리하는 것이 매번 준비하고 나가는 것보다 훨씬 효율적이다. 짧은 시간에 다양한 리소스를 확보해서 더 많은 콘텐츠를 생산하고 운영하는 것, 바로 N배 효과를 얻는 멀티 콘텐츠 생산법의 핵심이다.

하나의 두잉으로 다양한 콘텐츠를 만들고 다양한 플랫폼에 업로드하여 다양한 타깃과 기회를 만나는 원-두잉 멀티-콘텐츠(One-doing, Multi-contents)로 힘은 덜 들이면서 콘텐츠 양을 늘릴 수 있다.

콘텐츠의 양이 많으면 여러 개의 플랫폼에 업로드할 수가 있다. 여러 플랫폼에 콘텐츠를 올리면 더 많은 타깃과 소통할 수 있고, 여기에서 다양한 기회가 연결될 수 있다. 콘텐츠의 자본화가 가능해지는 것이다. 예를 들어 카페를 방문했다고 하자. 주요 할 일은 커피 메뉴 사진을 찍는 것이지만, 카페 내부 인테리어도 함께 찍고 카페 사장님과 대화도 나누고 그 내용을 기록해둔다. 카페 인테리어 사진으로는 '취향'에 대한 콘텐츠를 생산하고, 사장님과 나눈 대화는 '업에 대한 철학'을 다루는 콘텐츠에 쓸 수 있다.

이렇게 여러 가지 소스를 확보해두면 취향, 업에 대한 철학, 가치관 등 다양한 스토리텔링을 만들 수 있다. 다양한 타깃의 호기심과 니즈를 충족할수록 호감과 신뢰를 얻을 수 있고, 나라는 브랜드의 매력도 올라가 궁극적으로 퍼스널 브랜딩에 기여한다.

지금부터 구체적인 멀티 콘텐츠 생산법을 알아보자.

첫 번째, 관점 체인지 전략

'나는 콘텐츠 거리가 없어'에서 '나는 콘텐츠 거리가 풍부해'로 관점을 전환하는 것부터 멀티 콘텐츠 생산의 시작이다. 관점이 바뀌는 것만으로 '콘텐츠 푸어'(contents-poor)에서 '콘텐츠 부자'(contents-rich)로 패러다임 시프트(paradigm-shift, 인식 체계의 대전환)가 가능해진다.

콘텐츠 부자가 되기 위한 관점 전환의 방법은 아침에 눈을 떠서 저녁에 눈을 감을 때까지 일상의 모든 것을 콘텐츠 소재라고 생각하는 것이다.

'늘 보던 햇살이구나…….'

'늘 먹던 것들이네…….'

'오늘도 어제 일의 연속이네…….'

이렇게 생각하면 무엇 하나 새로울 것이 없다. 이러한 마인드로 생산한 콘텐츠가 타인에게 매력적으로 다가갈 리 없다.

다음과 같이 관점을 바꿔보자.

콘텐츠 푸어 관점		콘텐츠 부자 관점
늘 똑같은 일상	→	오늘은 유난히 햇살이 밝네!
늘 먹던 음식들		오늘 마신 커피가 유난히 맛있네!
늘 해오던 방식들		오늘은 새로운 방식으로 찍어볼까?

관점만 바꾸었을 뿐인데 여러분의 평범한 일상이 풍부한 콘텐츠 거리로 가득 찰 것이다. 콘텐츠 소재가 고갈되었다는 느낌이 들면 콘텐츠 부자 관점을 기억하자.

두 번째, 결과물 전략

우리에게 필요한 화장품이 있다고 가정해보자. 어차피 화장품을 구매할 거라면 리뷰 콘텐츠를 생산하여 SNS 계정에 업로드해보면 어떨까? 올릴 거리가 없었던 계정에 콘텐츠가 +1이 되니 콘텐츠 양을 늘리는 데도 도움이 될 것이다.

'결과물 전략'은 '결과물=콘텐츠' 생산까지 고려해서 제품을 구매하는 개념이다. 핫한 제품을 선택해서 리뷰 콘텐츠를 만들면 더 많은 사람들이 검색해서 볼 확률이 높다. 단 품질이 보장된 상품이어야 한다. 품질이 낮은 제품의 리뷰를 궁금해하는 사람은 많지 않을뿐더러 제품의 품질은 리뷰어에 대한 신뢰와도 연결되기 때문에 반드시 유의해야 한다.

예를 들어 A는 잘 만들어진 90점짜리 제품이지만 사람들 사이에서 화제가 되고 있지는 않다. 반면 B는 80점 정도이지만 사람들 사이에서 화제성이 꽤 있는 제품이다. 두 제품의 품질에 큰 차이가 나지 않는다면 A보다는 B를 선택하는 것이 시작부터 결과물을 생각하는 전략이다.

구매한 제품을 잘 사용하는 것은 당연하고 핫한 키워드 제품의 리뷰 콘텐츠까지 확보하는 전략이다.

어차피 사용할 제품이라면 콘텐츠 생산까지 염두에 두고 구매할 것, 사용하면서 기대치를 충족했다면 리뷰 콘텐츠까지 만들어낼 것, 이것이 콘텐츠 부자가 되는 사고법이다.

가성비 좋은 네일 스티커로 유명한 O사 제품이 있다. 네일숍에 가야 받을 수 있는 젤 네일 서비스를 집에서 셀프로 할 수 있는 젤 네일 제품이라기에 궁금했다. 당시 시장의 반응도 뜨거웠다. 온라인상에 다양한 후기가 올라오고 있었다. 그 제품을 쓰는 것은 물론 리뷰 콘텐츠까지 생산할 계획을 가지고 구매했다. 리뷰 콘텐츠를 여러 온라인 플랫폼에 올리자 다양한 협업 기회로 이어졌다.

세 번째, 멀티액션 전략

핵심은 적은 노력, 적은 시간, 적은 비용 대비 많은 콘텐츠를 생산하기 위해 더 많은 소스들을 확보하는 것이다. 한번 현장에 가면 주요 소스 외에도 앞뒤 전후로 풍부한 사진, 영상 등을 확보해두는 것이다.

약속 장소로 가는 길에 본 하늘, 오늘의 오오티디(OOTD, Outfit Of The Day, 그날의 의상, 화장, 헤어 등), 셀피(selfie), 손스타그램, 발스타그램 등을 내 사진첩에 차곡차곡 남겨두자. 언제 꺼내 쓸지는 모르지만 많이 확보해둘수록 콘텐츠 생산 거리도 많아진다.

콘텐츠 측면에서 멀티 액션이 중요한 이유가 있다. 코로나19가 일상을 강타하면서 비대면 시대를 넘어 내가 원하는 사람하고만 대면하는 선택적 대면 시대가 왔다고도 한다. 집 밖에 나가는 것 자체가 시간과 비용이 든다. 그러므로 외부 계획이 잡혔을 때 사진이나 영상을 풍부하게 확보하는 것이 유리하다. 그렇게 소스를 모아두었다가 필요할 때마다 적재적소에 하나씩 꺼내 콘텐츠 생산에 활용하는 습관을 갖자. 이것이 바로 적은 노력으로 더 많은 콘텐츠를 생산하는, 콘텐츠 부자가 되는 지름길이다.

네 번째, 콘텐츠 시너지 전략

왼손이 하는 일을 오른손이 반드시 알게 하라는 말을 한 번쯤 들어봤을 것이다. 콘텐츠 시너지 전략은 콘텐츠와 콘텐츠, 플랫폼과 플랫폼, 일과 일이 개별적으로 존재하는 것이 아니라 동반 상승할 수 있도록 서로 연결하는 것이 핵심이다.

콘텐츠 간 시너지를 생각해보자. 대부분의 사람들은 자신이 구독하기 편한 특정 플랫폼을 즐겨 사용한다. 특정 플랫폼에 올린 콘텐츠는 그 플랫폼을 사용하는 특정 타깃에게만 도달하기 쉽다. 그것을 다양한 플랫폼에 올린다면 별도의 힘을 들이지 않고도 다양한 타깃을 만날 기회를 얻을 수 있다.

예를 들어 인스타그램을 콘텐츠 알림 창구로 쓰는 방법이다. 블로그에 홍보 포스팅을 올렸다고 가정해보자. 그 포스팅을 인스타그램 플랫폼에 맞게 이미지와 글을 편집해서 올리는 것이다. 인스타그램 프로필에 해당 포스팅 링크를 걸면 유저들이 방문하기 편리하다. 이렇게 서로 다른 플랫폼의 콘텐츠를 연결하여 둘 간의 시너지를 낼 수 있다.

일과 일 간의 시너지도 가능하다. 지금은 그 어느 때보다 '생산자', 즉 '사람'에 초점이 맞춰져 있다고 해도 과언이 아니다. 인플루언서라는 용어는 등장 이후 여전히 핫하다. 제품을 구매할 때도 제품 자체뿐 아니라 '누가 판매하는지'도 중요한 시대다.

하나의 성과를 내고 다른 일에 도전해서 시너지를 내려면 전혀 상관없는 일보다 기존의 성과와 연장선에 놓인 일로 확장하는 것이 효과적이다. 파이프라인을 확장할 때도 기억하면 좋을 것이다.

10여 년간 콘텐츠 생산자로 축적해온 노하우를 강의와 코칭으로 연결했고, 또 책 출간으로 이어진 것은 전혀 동떨어진 일이 아니다. 기존에 가지고 있는 강점을 발전시키고 확장한 것이다.

콘텐츠를 확장할 때 무엇보다 중요한 것은 콘텐츠 생산자인 인플루언서의 진정성이다. 모든 것에 진정성이 전제되어야 한다. 당장 눈앞의 이익 때문에 옳지 않은 선택을 하는 순간 모든 것이 무너지는 사례를 심심찮게 볼 수 있다. 진정성 있는 콘텐츠 생산자가 진정성 있는 콘텐츠를 만든다. 그래야 비로소 긍정적인 시너지도 가능하다.

멀티 콘텐츠 생산법을 알고 난 뒤 나는 콘텐츠 푸어에서 콘

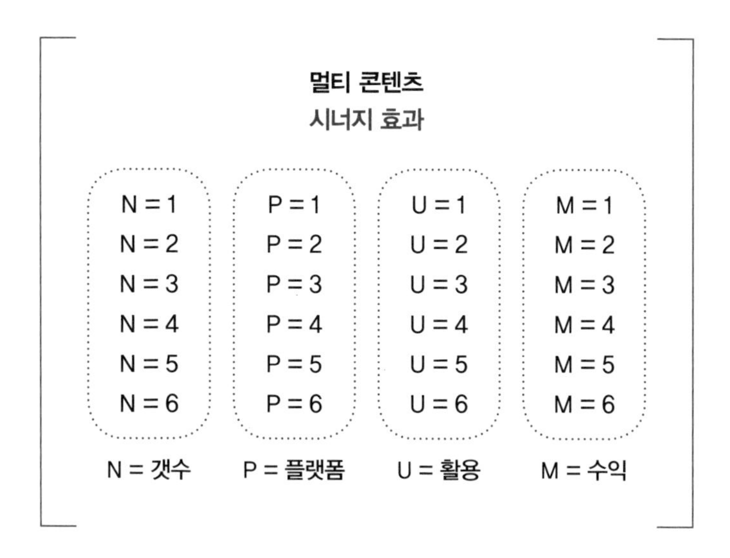

텐츠 부자가 될 수 있었다. 멀티 콘텐츠를 실행한 뒤 하루를 온전히 쏟아붓지 않고도 매일 다양한 콘텐츠를 생산할 수 있다. 그렇게 확보한 시간을 좀 더 의미 있는 일, 새로운 기회를 만드는 일에 쓰는 것이다.

다섯 번째, 툭툭 생산법과 모닝 세안법

콘텐츠 생산 단계에서 잊지 말아야 할 중요한 마인드가 있다. 바로 툭툭 생산법이다. 너무 잘하려고 애쓰다가 적게 생산하는 것이 아니라 덜 완성된 것이라도 일단 생산해내야 한다. 단 하나라도 심혈을 기울여 잘 만들어내야지 하고 생각하면 속도가 더뎌질 수밖에 없다. 조금 부족해 보여도 더 많이 생산하여 더 많은 기회를 얻는 '툭툭 생산법'을 명심하자.

무엇인가를 매일 하려면 루틴이 되어야 한다. 아침에 일어나면 가장 먼저 물 한잔 마시거나 세수하듯이, 콘텐츠 생산도 마찬가지다. 아침에 일어나 왜 물을 마시는지, 왜 세수를 하는지 근원적인 질문을 하지 않는다. 콘텐츠 생산도 왜 해야 하는지 생각하지 않고 그냥 해보자. 이러한 방법을 '모닝 세안 생산법' 이라고 이름 붙였다.

너무 잘하려고 하지 말고 툭툭 생산하기. 아침에 눈 뜨면 세수부터 하는 것처럼 숨 쉬듯 자연스럽게 콘텐츠를 생산하다 보면 당신도 콘텐츠 부자가 될 수 있다!

< 4

공감과
신뢰를 얻는
감성 콘텐츠 생산법

멀티 콘텐츠 기획법과 멀티 콘텐츠 생산법으로 내 콘텐츠 자본을 풍부하게 만드는 방법을 알게 되었다면 이제 필요한 것은 감성 콘텐츠를 제대로 생산하는 것이다. 글쓰기, 비주얼, 영상 3가지 측면에서 감성 콘텐츠 생산 노하우를 소개한다.

첫 번째, 마음을 움직이는 감성 글쓰기 노하우

마음을 움직이는 글은 어떻게 쓰는 것일까? 판매자와 마케터들이 가장 궁금해하는, 소비자의 마음을 움직여 궁극적으로 사고 싶게 만드는 글쓰기 방법을 알아보자.

1 열린 글쓰기 법칙

내 이야기를 해야 한다고 해서 '나'만 들어가 있으면 안 된다. 상대방, 즉 보는 사람들이 참여할 '여지'가 있어야 좋은 글이다. 보는 사람들의 마음에 공감을 불러일으키고 댓글 등으로 참여하고 싶게 만드는 것이다.

"여러분, 오늘 날씨에 아아, 뜨아 무엇이 좋을까요?"

"육아 고수 선배 맘들, 육아서 추천 좀 해주세요."

"내일 모임에 입을 옷인데 어떤 게 좋을지 골라주세요."

아아, 뜨아, 즉 아이스 아메리카노와 뜨거운 아메리카노 중 추천받기 등 참여를 이끌어내는 구체적인 방법으로 '열린 글쓰기'가 있다. 바로 앞에 있는 상대방에게 물어보듯이 질문으로 끝맺는 것이다. 이때 너무 무겁거나 어렵지 않고 누구라도 부담 없이 의견을 낼 수 있는 가벼운 질문하기를 추천한다.

2 궁금증 법칙

어느 토크쇼에서 다음과 같은 질문이 나왔다. '요즘 시대에 끝까지 읽게 만드는 글이 무엇일까?' 한 작가가 '다음이 궁금해지는 글'이라고 답했다. 텍스트보다 재미있고 흥미를 끄는 영상들이 넘쳐나는 시대에 독자들이 끝까지 읽게 하려면 '궁금하게 만들어야' 한다.

억지로 끝까지 읽으라고 강요할 수는 없다. 하지만 사람들은 뒤에 어떤 내용이 나올지 궁금하면 끝까지 읽게 된다. 블로그 글이나 브런치, 인스타그램, 유튜브와 같은 영상 콘텐츠 대본도 마찬가지다. 궁금증이 생기면 중간에 멈출 수가 없다.

또 글을 클릭하게 만들려면 3초 안에 사로잡는 것이 중요하다. 이때 중요한 것이 '제목'이다. 온라인 글을 쓸 때 호기심을 불러일으키는 제목을 달아야 일단 사람들의 시선을 끌 수 있다.

2021년 출시된 카카오 뷰는 다양한 시선으로 큐레이션된 콘텐츠를 경험할 수 있는 서비스다. 창작자는 다양한 콘텐츠를 모은 '보드'를 발행해 구독자를 모으고, 일정한 조건을 충족하면 수익을 올릴 수 있다. 수익 창출의 전제 조건 중 하나가 클릭이다. 게시물을 클릭하게 하는 데 중요한 요소가 바로 제목을 어떻게 하느냐, 즉 '제목 카피라이팅 기술'이다.

중요한 것은 콘텐츠에서 그 궁금증을 해결해주어야 한다는 점이다. 일일이 다 알려주고 시작하지 말자. 끝까지 읽게 만드는 힘은 궁금증이라는 것을 기억하자.

3 진솔 법칙

감성을 전달하는 글쓰기에서 무엇보다 중요한 것이 진솔함이다. 우리 제품은 전혀 문제없다고 말하는 것보다, 이런 부분에서는 부족하다고 솔직하게 말하는 것이 오히려 더 눈길을 끌고 마음을 얻는다. 단, 솔직하기만 해서는 안 된다. 솔직함을 넘어 진심이 담겨 있어야 마음을 움직일 수 있다. 이것은 퍼스널 브랜딩에서도 마찬가지다. '나의 이런 점은 부족하지만 부단히 노력하겠다'고 진솔하게 다가갈 때 사람들은 당신 이야기에 귀를 기울이고 기억할 것이다.

두 번째, '좋아요'를 부르는 감성 비주얼 노하우

'좋아요'를 부르는 비주얼은 무엇일까? 우리는 예쁘고 마음에 드는 것들, 또는 '있어빌리티(있어+bility, 뭔가 있어 보이는)'한 것을 보면 '좋아요'를 누른다.

비주얼 이미지에 관해 설명할 때 '심미안(審美眼)'이라는 단어를 빼놓을 수 없다. 심미안의 사전적 의미는 '아름다움을 살펴 찾는 안목'이라는 뜻이다. 우리가 좋아 보인다고 느끼는 비주얼들은 대개 심미안을 충족하는 이미지가 많다. 정확한 이유를 설명하기는 어렵지만 아름답다고 느끼는 무언가가 들어 있는 이미지. 그것이 풍경이든 인물이든 사물이든 말이다.

콘텐츠 이미지는 익숙한 것들도 새롭고 낯설게 보여지는 것, 즉 뻔하지 않은 비주얼이어야 한다. 제품 홍보 사진을 떠올려보자. 상세 페이지나 피드에 올라온 사진들이 한결같이 제품을 중앙에 부각시킨 뻔한 구도라면 어떨까? 너무 익숙한 비주얼이라 지루하게 느껴지고 기억에도 남지 않는다. 이런 이미지를 보고는 구매 버튼을 누르기가 쉽지 않다.

내가 올린 이미지가 '좋아요'를 받기 위해, 보는 사람의 마음을 움직이고 결정적인 순간에 구매 버튼을 누르게 하기 위해서는 콘텐츠 비주얼에 관한 연구가 필요하다.

'좋아요'를 받는 감성 비주얼은 고정된 것이 아니라 시대에 따라 트렌드가 바뀐다. 몇 년 전까지만 해도 독창적이고 신선했던 비주얼을 지금 보면 트렌드에 뒤처진다고 느껴지는 경우가 종종 있다.

평소에 늘 보던 일상 속 풍경, 사람, 사물도 호기심을 가지고 새롭게 보려는 노력, 평범한 것에서도 아름다움을 발견할 줄 아는 심미안을 키우는 노력이 중요하다.

사람들이 '좋아요'를 누르는 비주얼은 무엇인지 찾아보는 노력, 그것을 분석해서 내 비주얼에 적용하는 노력은 당신의 비주얼 아웃풋에 고스란히 드러날 것이다.

다음으로 심미안 비주얼에서 중요한 것은 지속 가능한 생산이다. 콘텐츠 생산자에게 꾸준한 콘텐츠 생산이 중요한 것처럼, 한 번의 멋진 비주얼 생산보다 꾸준히 나다운 감성 비주얼을 지속적으로 생산해내야 한다. 그 모든 것들이 축적되어 내가 만든 콘텐츠에 대한 이미지가 되고, 퍼스널 브랜딩에 기여한다.

일상 속에서 지속적으로 감성 사진을 생산하는 노하우를 소개한다.

1 퀄리티 보장 시스템 만들기

기획 단계에서 특정 장소를 정하고 세팅해둔 뒤 피사체만 바꿔서 찍는 방법이다.

쇼핑몰을 운영하는 데 필요한 제품 및 착용 사진, 강의나 코칭 자료에 필요한 사진들을 수년에 걸쳐 여러 차례 촬영하면서 알게 된 사실은 매번 다른 세팅을 하는 것만이 답이 아니라는 점이었다.

특정한 장소를 세팅해두면 촬영하기도 쉽고 일관성을 형성하기에도 좋다. 일관된 비주얼이 사람들에게 인식되고 기억될 확률이 높기 때문이다.

2 바로 써먹는 감성 사진 촬영 팁

곧바로 적용 가능한 '감성 사진 촬영 팁'을 소개한다.

시선 감성이 느껴지는 사진을 찍을 때 가장 기본이 되는 것은 피사체를 애정이 담긴 시선으로 보는 것이다. 사진에는 찍는 사람의 시선이 담기는 만큼 피사체에 대한 애정이 사진 속에 그대로 드러난다.

구도 사진 강의에서 공통적으로 강조하는 것 중 하나는 구도의 중요성이다. 색감과 피사체의 형태는 얼마든지 보정 가능하지만 구도만큼은 사후 처리가 어렵다. 사진에 결정적인 요소인 구도를 연구하는 방법으로 이미지 중심의 플랫폼인 인스타그램에서 사람들의 '좋아요'를 많이 받는 구도를 찾아보고 똑같이 찍어보는 것이다. 단, 트렌드에 따라 사람들이 선호하는 구도가 달라질 수 있다.

색감 구도만큼 중요한 것이 색감이다. 나만의 대표 색감을 정하고 일관되게 사용해보자. 색감만으로 차별화할 수 있다.

배경 어떤 사진은 다양한 소품을 동원해 세팅했는데도 좋아 보이기보다 복잡하다고 느껴질 때가 있다. 복잡한 소품에 피사체가 묻혀버리는 것이다. 피사체가 돋보이고 시선을 끌어당기려면 배경이 단순해야 한다.

3 촬영 직전 카메라 렌즈 닦기

간과하기 쉽지만 기억해두면 퀄리티 있는 사진을 찍을 수 있는 팁 중에 하나가 촬영 직전 카메라 렌즈 닦기다. 특히 겨울이나 여름처럼 외부 온도와 내부 온도 차이가 심할 때 렌즈 닦기는 필수다. 바로 실행해보라. 간단해 보여도 비포 애프터가 확연하게 달라지는 강력한 효과를 경험하게 될 것이다.

세 번째, 플레이를 누르게 하는 감성 영상 노하우

수많은 사람들이 유튜브 활동을 하면서 뛰어난 영상미를 자랑하는 일반인 유튜버들이 늘어나고 있다. 여기에는 쉬운 영상 편집 툴이 보급된 것도 한몫했을 것이다.

유독 여운이 남고, 한 번 더 보고 싶고, 다른 것도 열어보고 싶게 만드는 영상의 요건은 무엇일까?

1 취향을 담아낸 영상

영상을 유려하게 찍고 편집하는 능력은 아무래도 영상 전문가들이 탁월할 것이다. 영화, TV, OTT, 유튜브만 봐도 그런 영상들이 넘쳐난다. 그런데 기술적으로는 조금 투박해도 영상에

출처 : '밀라논나' 유튜브 채널

그 사람만의 무언가가 담겨 있다면 사람들은 끌리게 된다. 패션 유튜버 '밀라논나'의 영상이 그렇다.

젊은 패션 유튜버 사이에서 실버 세대 밀라논나의 영상은 오히려 유니크하게 다가온다. 밀라논나만의 구도부터 색감, 폰트까지 채널명을 가려도 그 채널만의 독특한 분위기가 느껴진다.

2 여백 있는 영상

부족함이 없는 시대라고 한다. 우리는 온통 복잡한 것들에 둘러싸여 있다. 그래서 소품으로 화려하게 꾸민 것보다 소박한 영상이 오히려 눈길을 끈다. 가전 리뷰어 '양품생활' 채널 영상이 사람들의 눈길을 끄는 이유다. 가전을 소개하는 영상인데 여백이 들어 있어 독특함을 느낄 수 있다.

출처 : '양품생활' 유튜브 채널

3 노력이 들어 있는 영상

약 130만 구독자를 보유한 '조승연의 탐구생활'은 작가 조승연이 읽은 책, 여행, 취미 등 새로운 것을 배우는 즐거움에 대한 콘텐츠를 다루는 채널이다. 초창기 한 영상에서 그는 "유튜브를 통해 수십만 구독자를 모으려는 생각은 없다. 다만 인문학적 소양을 나눌 수 있는 마음이 맞고 토론할 수 있는 진짜 친구를 만나고 싶다"라고 말했다.

그런 유튜브 채널이 130만 구독자를 보유하게 된 비결이 무엇일까? 우선 책, 영화, 시사 등 인문학적 교양을 알기 쉽게 설명해주기 때문일 것이다. 거기에 더해 노력이 들어간 영상 덕분이다. 그의 영상은 조승연 작가 자신처럼 자세하고 친절하고 세심하다. 내용을 쉽게 이해할 수 있도록 영상 관련 자료를 풍

출처 : '조승연의 탐구생활' 유튜브 채널

부하게 넣어서 별도의 자료를 찾아볼 필요가 없다.

또 인물이 나오는 화면에 어울리는 화초, 그림, 소파 등의 미장센(배경)도 눈길을 끈다. 심미안이 돋보이는 영상이다. 좋은 내용에 더해 노력이라는 감성이 더해진 영상이 호응을 얻는다는 것을 보여주는 사례다.

> "'좋아 보이고 예뻐 보이는 것'은 겉모습만 치장한다고 되는 게 아니다. 본질을 느껴서 '좋다'라는 감탄사가 나오게끔 하는 게 중요하다."(『오래가는 것들의 비밀』, 이랑주)

엘슈가의 감성노트 4

놓치면 안 될 감성 비주얼 기획 팁!

- 매번 장소, 소품을 바꿀 것이 아니라 특정 장소를 정하고 소품을 세팅한 뒤 피사체만 바꿔 촬영하기

바로 써먹는 감성 비주얼 생산 팁!

- 애정 담긴 시선으로 피사체를 볼 것
- 결정적인 요소인 구도 연구하기
- 나만의 색감으로 차별화하기
- 심플한 배경의 중요성, 하나만 더 빼기
- 촬영 직전 카메라 렌즈 닦기, 강력한 효과

감성 비주얼 인스타그램 계정

- 인물 사진 : KTKIM_케이티김 @ontheliszt
- 제품 사진 : 브론테 @bronteshop.co.kr
- 제품 사진 : 디에디트 @the_edit.co.kr
- 카페 사진 : 자잡토 @zazabto
- 음식 사진 : 모스스토리 @mos_story
- 살림 사진 : 오전 열한시 @a.m_11_00

5

복리 효과를 주는 감성 콘텐츠 운영법

콘텐츠로 수익을 창출하고 브랜딩을 하는 콘텐츠 생산자 10년 차가 되고 나니 알게 된 것들이 있다. 매일 노력을 갈아 넣지 않아도 되는 콘텐츠 생산법, 적은 소재, 적은 시간과 노력으로 더 많이 생산하는 법, 그래서 더 많은 기회를 얻는 방법이 가능할까?

1+1+1+1이 아닌 일정량이 쌓이면 한 번씩 복리 효과를 내는 멀티 콘텐츠 생산법이 있다. 그동안 콘텐츠를 생산하고 운영해온 방식을 분석해보니 운영법에 그 답이 있었다. 그것은 '멀티 콘텐츠 한 번에!'라는 방법으로, 멀티 콘텐츠 운영 3단 공식은 다음과 같다.

1. 멀티유즈(multi-use)
2. 플랫폼 핏(platform fit)

3. 감성 마케팅 도구로 활용(sensibility marketing tool)

첫 번째, N잡러를 위한 마법의 멀티유즈

많은 사람들이 느끼는 어려움 중 하나는 콘텐츠를 꾸준히 생산하고 싶어도 소재의 한계에 부딪힌다는 점이다. 우리의 일상은 매일 새로운 이벤트가 기다리고 있는 셀러브리티(celebrity)의 삶이 아니다. 늘 평범한 일상에 가깝다. 나 역시 마찬가지다. 하지만 나는 소재의 고갈을 자주 느끼는 편이 아니다. 그 이유가 뭘까? 바로 멀티유즈다.

지금까지 우리가 업로드한 플랫폼을 떠올려보자. 우리가 자주 이용하는 주력 플랫폼에만 올리지 않았는가? 여기서 관점을 조금 바꿔 원천이 되는 콘텐츠를 플랫폼에 맞게 가공한다면 어떨까? 더 다양한 플랫폼에 올릴 수 있을 것이다.

멀티유즈란 하나의 소재를 한 번만 쓰는 게 아니라 여러 번 쓰는 것을 말한다. 단지 여러 번 활용하는 것이 아니라 잘 활용해야 한다. 멀티 콘텐츠는 적은 소재로 힘은 덜 들이면서 더 많이 생산하게 해주어 다양한 플랫폼에서 더 많은 타깃과 기회를 만나게 해준다.

마법의 멀티유즈

더 적은 시간	→	더 많이 생산
더 적은 노력		더 많은 기회

그런데 멀티유즈(OSMU, One Source Multi Use)에도 전략이 필요하다. 같은 것을 단순히 복사해서 붙여넣기를 하는 것은 진정한 OSMU가 아니다. 잘 활용하는 방법은 1을 올릴 때 2, 3까지 구상하는 것이다. 그렇게 하면 단순 반복을 줄일 수 있다. 각 콘텐츠의 목적을 염두에 두고 생산하는 것이 효과적이다.

콘텐츠 소재 중에는 '실시간'으로 올렸을 때 반응이 좋은 것과 정성을 들여 '후가공'을 했을 때 더 빛을 발하는 것이 있다. 각각의 특성에 맞춰 멀티유즈를 해야 한다. 실시간으로 올리면 좋은 플랫폼은 카카오 단톡방(공유), 인스타그램, 페이스북, 틱톡 등이다. 후가공해서 올리면 좋은 플랫폼은 블로그, 브런치, 팟캐스트, 유튜브 등이 적합하다.

이 원리를 알면 콘텐츠를 만들 때마다 소재 고민을 하지 않아도 된다. 이렇게 하나의 소재를 가지고도 다양하게 멀티유즈를 할 수 있다면 여러분의 콘텐츠는 +n개로 늘어나 훨씬 풍부해질 것이다.

사례 1 인스턴트 믹스커피 사례

인스타그램에 인스턴트 믹스커피 사진과 함께 '오늘 하루 힘내 봅시다!'라는 내용으로 글을 올렸다. 블로그와 브런치에는 '처음으로 내 돈 주고 믹스커피 사 먹은 날'이라는 믹스커피와 20대 나의 일에 관한 생각을 써서 업로드했다.

인스타그램은 순간순간의 감성을 나누기 위한 목적으로, 블로그는 내 이야기나 업에 대한 철학 등을 공유하기 위한 목적으로 활용했다.

사례 2 남산 비빔밥집 사례

인스타그램에는 남산 비빔밥집에 다녀온 일상의 순간을 올렸다. 그리고 추천 메뉴, 주차 정보, 덜 붐비는 시간대 등 사람들이 궁금해할 상세 정보는 블로그에 포스팅하겠다고 덧붙였다. 블로그 포스팅 후 인스타그램 프로필에 링크를 올려 블로그 포스팅으로 유입을 유도했다. 멀티유즈를 넘어 하나의 콘텐츠에서 다른 콘텐츠를 예고하고 홍보하는 방법으로 활용한 것이다. 이처럼 같은 소재라도 각각 플랫폼 특성과 타깃 유저에 맞게 멀티유즈한다면 콘텐츠가 소비 확산될 확률이 높아진다.

사례 3 지식 콘텐츠 사례

콘텐츠 관련 노하우를 온라인 플랫폼에 업로드하면 사람들에게 양질의 정보를 큐레이션할 수있다. 이러한 노하우 콘텐츠가 쌓이면 내용을 보완하여 '강의 콘텐츠'로 멀티유즈를 할 수 있다. 또 블로그 포스팅을 대본으로 만들어 '유튜브 영상 콘텐츠'로 생산할 수 있다. 묶기 좋은 콘텐츠를 엮으면 '카카오 뷰' 보드 발행이 가능하다. 이렇게 멀티유즈를 하면 운영 중인 플랫폼의 신규 유입 및 구독자 상승으로 이어진다.

이것을 각각 따로 접근하면 별도의 일이 되지만 '멀티 콘텐츠 기획법' 관점에 따라 1을 할 때 2, 3을 미리 기획하고 진행하면 업무 효율을 극대화할 수 있다. 멀티유즈로 시간과 노력은 줄이고 성과는 높이는 방법이다.

소재가 없어서, 매일매일 이벤트가 있는 게 아니라서 콘텐츠 생산이 어렵다는 생각이 든다면 노력해서 만든 콘텐츠를 다양하게 활용해보자. 시간과 수고를 덜 들이고도 더 많은 기회를 만나기 위해! 단, 재사용으로 느껴지지 않으려면 플랫폼의 특성에 맞춘 편집이 필수다.

두 번째, 플랫폼에 최적화하라! 플랫폼 핏

플랫폼마다 특징, 즉 플랫폼 핏(plaform fit)이 있다는 점을

인스타그램	특징	• 세련되고 감각적인 이미지 • 그때그때 시의성을 표현하기 좋음 • 취향 기반의 친근한 느낌을 주기 좋음 • 소통을 유도하기 좋고 초기 성과가 빠른 편
	운영법	• 궁금증과 호기심을 자극하는 데 효과적임 • 비주얼을 강조하기에 효과적임 • 예고편 이벤트에 적합
	사례	상품 소개 및 판매, 이벤트 등
블로그	특징	• 글이 잘 보이는 플랫폼으로 긴 글 소비 유리 • 기획 칼럼이나 연재 글을 올리기 좋음 • 내 스토리, 브랜딩 철학을 알리는 데 효과적임 • 찐팬, 찐고객을 구축하는 데 효과적임
	운영법	• 스토리와 철학 강조하기 • 펼쳐 보여주기, 종합판으로 보여주기 • 신청·결제 등을 결정하기에 적합
	사례	퍼스널 브랜딩, 강의와 모임 모집 등
브런치	특징	• 어떤 스토리의 근간을 풀어쓰기 좋음 • 진입 장벽으로 희소성 이미지가 있음 • 글다운 글을 쓰고 소비하기 좋음
	운영법	• 글 자체에 초점 맞추기 • 나의 정체성 드러내기 • 별도 이미지는 없어도 됨
	사례	깊이 있는 스토리텔링 연재, 글쓰기 공모전 도전 등

파악하고 그에 맞게 콘텐츠를 생산해서 효과를 높이는 방법이다. 감성을 담아내기 적합한 스토리 콘텐츠 플랫폼인 인스타그램, 블로그, 브런치를 중점으로 SNS 플랫폼의 특징을 알아보자.(112쪽 표)

다양한 플랫폼을 운영할 때 플랫폼 특성에 맞게 소재를 멀티유즈 한다면 콘텐츠의 양과 품질 모두 공략할 수 있다. 단, 개념을 알고 적용하기까지는 시간과 노력이 필요하다. 알고 나면 효율적인 콘텐츠 운영의 지름길이 될 수 있다.

세 번째, 감성 마케팅 툴로 적극 활용하라

감성 콘텐츠를 생산하고 운영할 때 단지 공감과 호응을 얻는 것에 그치지 않고 마케팅 도구(tool)로 적극 활용해야 한다. 콘텐츠 코칭을 하다 보면 SNS를 통해 마케팅과 홍보를 하기를 원하면서도 '어느 정도까지 하면 좋을지 모르겠다'는 이야기를 종종 듣는다.

그때마다 내 SNS에서 내 일을 홍보 마케팅하는 것을 부정적으로 생각하지 말고, 긍정적으로 편안하게 생각하고 콘텐츠를 발행하라고 조언한다.

SNS 플랫폼은 공식 사이트와 성격이 다르다. 공식 사이트가 보다 공신력 있는 정보를 전달한다면 SNS는 내 이야기를 얼마든지 펼쳐도 되는 스케치북 같은 공간이다. 홍보 마케팅에만 열을 올린다든지, 또는 홍보 마케팅은 주저하면서 일상 이야기만 올리는 것 둘 다 효과적이라고 보기 어렵다.

상호 보완의 관점으로 보자. 나의 일을 뒷받침해주는 일상 이야기, 일상을 더 돋보이게 해줄 홍보 마케팅 콘텐츠라고 말이다.

일상을 사는 '나'와 일을 하는 '나' 중에 어느 한쪽만 나라고 할 수는 없다. 다양한 모습의 총합이 '나'이다. 감성을 담은 콘텐츠로 내 일상을 보여주고, 일하는 모습을 담은 콘텐츠로 내 일을 적극적으로 알리는 데 활용할 것을 추천한다.

일상 콘텐츠와 홍보 콘텐츠의 경계가 모호한 콘텐츠도 있다. 바로 큐레이션 콘텐츠다. 구독한 사람들에게 도움이 될 만한 콘텐츠를 분석하고 선별해서 추천해주는 것이다. 큐레이션 콘텐츠로 쌓은 신뢰는 홍보 콘텐츠에서 빛을 발하기도 한다. 신청서에 '평소 올려주는 콘텐츠의 도움을 많이 받아 신청합니다'라는 피드백을 종종 받았다. 이처럼 큐레이션한 콘텐츠는 훌륭한 감성 마케팅 툴이 될 수 있다.

다음 장에서 '감성 마케팅'에 관해 구체적으로 알아보자.

Part 3

궤도

감성을 돈으로 바꾸는 기술, 감성 마케팅

1

물건이 아니라
진심을 팝니다

감성 마케팅이란?

기업에서 10년, 1인 기업가로 10여 년, 총 20여 년간 마케팅 일을 해오는 동안 판매만 급급하다 판매가 끝나면 잠잠해지는 마케팅은 하지 않으려고 노력했다. 그것은 내가 추구하는 방향이 아니었다. 콘텐츠로 취향을 보여주고 양질의 콘텐츠를 큐레이션하는 것, 약속을 지키고 신뢰를 쌓는 것, 사람들이 지속적으로 모여들고 콘텐츠를 구독하는 것, 필요한 제품이나 서비스를 편리하게 구매하도록 돕는 것이 내가 생각하는 마케팅이다. 더 나아가 그 사람에 대한 믿음을 가지고 구매하게 만드는 것이 바로 '퍼스널 브랜딩'이다.

마케팅이란 내가 정성껏 준비한 모임에 사람들을 초대하는 것이다. 사람들이 자기 시간을 내서 찾아오는 것이기에 아무렇게나 준비할 수 없다. 그 모임이 만족스럽지 않다면 다시는 초대에 응하지 않을 것이다. 따라서 마케팅의 포인트는 '정성'이라고 생각한다.

브랜딩이란 그 모임에 자발적으로 계속 가게 만드는 것이다. 한마디로 마케팅이 '파는 것'이라면 브랜딩은 '사고 싶게 만드는 것'이다.

온라인에 콘텐츠를 올리는 이유는 내가 하는 일을 촉진하고 다른 사람들을 초대하기 위해서다. 그것을 위해서는 '나'라는 사람의 전문성을 알리고 신뢰감을 주어야 한다. 콘텐츠를 통해서 그것을 실현하는 것이 바로 '콘텐츠 마케팅', '콘텐츠 브랜딩' 개념이다.

마케팅으로 촉진(promotion)만 하는 시대는 지났다. 고객의 궁금증과 니즈를 충족할 뿐 아니라 감성적인 부분까지 건드려서 공감을 이끌어내고 지속적인 관계를 구축하는 것이 중요하다. 이러한 감성 마케팅을 실현하는 것이 콘텐츠의 역할이다.

감성 마케팅이 일반 마케팅과 다른 점은 무엇일까? 감성 마케팅은 사람들의 구매 욕구를 자극해서 많이 파는 것, 판매 촉진만을 목표로 하는 마케팅이 아니라는 점이다.

감성 마케팅

- 판매 촉진보다 고객과의 관계 구축을 목표로 한다.

- 구매로 끝나는 것이 아니라 찐팬 구축을 목표로 한다.
- 당장은 반응이 적더라도 멀리 내다볼 줄 아는 것이다.
- 쌓아온 노력이 폭발적인 성과로 나타나는 것이다.

	일반 마케팅	감성 마케팅
목표	판매 촉진	고객과의 관계 구축
기대 반응	고객 구매	찐팬 구축
효과 타이밍	마케팅 직후	뒤늦게 나타남 (단, 폭발적인 반응 가능)

지난 10여 년간 실행해온 감성 마케팅의 특성을 정리해보면 당장 판매를 목표로 하는 것이 아니라 스토리를 통해서 관계를 형성하고 찐팬을 만드는 것을 목표로 한다는 것이다. 이것은 다른 판매자와 차별화하는 길이며 지속 가능한 수익 창출을 할 수 있는 방법이다.

> "같은 종류의 제품이나 서비스를 팔면서 비슷한 스토리를 전하고 비슷한 행동 방식을 유도한다. 물론 각자 미세한 차이점은 있을지 모르지만 시장의 거시적 관점이나 잠재 고객의 눈에는 모두 한 무리의 펭귄일 뿐이다."

이것이 캐나다의 유명한 마케터 빌 비숍이 『핑크펭귄』에서 지적하는 '펭귄 프로블럼(Penguin Problem)'이다.

펭귄 프로블럼은 무리 속의 펭귄들이 저마다 나름의 생각과 느낌, 능력을 가진 유일무이한 존재인데도, 아무도 그 차이를 구별할 수 없고 구별하고자 애쓰지도 않기 때문에 무리 속 펭귄들은 모두 똑같다고 느끼는 현상을 말한다.

같은 상품을 팔더라도 사야 할 이유를 전달하기 위해서는 남들과 다른 차별점을 보여주어야 한다. 그것이 감성 마케팅의 출발점이다.

왜 이러한 것을 큐레이션하게 되었는지 준비 과정부터 판매 방식, 차별화된 배송, 고객 관리(CS), 고객 후기로 이어지는 일련의 스토리가 콘텐츠에 담겨야 한다. 그 과정에서 마케터가 파는 것은 단지 물건만이 아니다. 그 안에 담겨 있는 '진심'과 '노력'이다.

홍보 마케팅에서 감성을 전달하는 것이 왜 효과가 있을까? 시장에는 이미 잘 만들어진 제품들이 너무나 많다. 넘쳐나는 제품 속에서 사람들의 마음을 움직이고 지갑을 열게 하는 데 필요한 것은 더 좋은 상품, 더 나은 기술이 아니다.

1인 기업가의 퍼스널 브랜드도 마찬가지다. 사람들은 나와 관련 없는 이야기에 반응하지 않는다. '맞아, 나도 그렇지'라는 공감을 불러일으키는 이야기에 끌린다. 끌리면 관계가 생기고 관계가 생기면 나에게 시간과 비용을 지불해줄 사람들, 즉 진짜 팬층을 만들어갈 수 있다. 이것이 마케팅에 감성을 담아야 하는 이유다. 이제 구체적인 감성 마케팅 방법에 대해 알아보자.

2

이것만 알면
당신도
감성 마케터

감성 마케팅의 원리는 고객의 호감을 끌어당길 수 있는 소재로 고객의 마음을 움직여서 결정적인 순간에 선택하도록 하는 것이다. 그러한 관점에서 감성 마케팅은 한 차원 높은 마케팅 기법이라고 할 수 있다. 일반적인 판매 촉진 기법으로 고객의 마음까지 움직이기는 어렵다. 판매를 촉진할 수는 있어도 공감까지 불러일으켜 찐팬을 만들기는 쉽지 않다.

『맥락을 팔아라』(정지원 외)에는 "생산자와 판매자가 넘쳐나는 시대. 좋은 물건과 서비스 공급자는 넘쳐나는데 정작 사람들은 필요한 것이 아무것도 없는 시대"라는 내용이 나온다.

아무것도 필요한 게 없는 시대에 물건을 사고 싶게 만드는 요인은 무엇일까?

"좋아하면 산다. 소비자들은 예전보다 좀 더 낫거나 경쟁 제품과 다른 상품이 아니라 가장 나다운 상품을 만났을 때 '좋아요' 를 누르고 지갑을 연다."(『트렌드코리아 2022』, 서울대 소비트렌드 분석센터 김난도 교수 외)

『트렌드코리아 2022』에서는 사람들 특히 중요한 구매층으로 부상한 MZ세대가 물건을 사는 이유를 '좋아서'라고 분석하고 이를 '라이크 커머스'라고 명명했다. 대중 특히 MZ세대는 어떨 때 '좋아요'를 누르고 지갑을 여는지 구체적인 사례를 통해 알아보자.

감성 마케팅 사례 : 이영지 라이브 폰케이스

MZ세대에게 사랑받는 래퍼 이영지가 인스타그램 라이브 방송을 할 때였다. 자신이 직접 만들어 사용하던 핸드폰 케이스가 언뜻 비쳤는데 사람들이 너도나도 사겠다는 반응을 보였다. 정작 이영지는 '이 케이스 별로인데'라고 하는데도 보는 사람들이 사겠다고 줄을 섰나. 그 이유가 뭘까?

한마디로 '래퍼 이영지가 좋아서'다. 이것이 바로 이성으로 설명할 수 없는 '감성'의 영역이다. 내가 좋아하는 래퍼가 쓰는 물건을 나도 쓰고 싶다는 생각. 그래서 기꺼이 비용을 지불하고 기다려서라도 가지고 싶은 마음. MZ세대의 아이콘 이영지는 주문받은 폰 케이스를 제작 판매했고 이를 통해 얻은 수익을 전액 기부했다.

이것은 시작부터 마무리까지 MZ세대의 공감을 얻을 만한 스토리, 감성이 들어간 사례라고 할 수 있다.

소비자의 감성 영역까지 잘 살피고 이를 마케팅에 활용하여 성과를 내는 것, 판매하고 나면 끝이 아니라 그때부터 시작인 것, 고객과 좋은 관계를 구축하고 지속하는 것이 감성 마케팅의 핵심이다. 전통적인 마케팅이 추구하는 정량적 목표를 넘어서 정성적 목표까지 달성하는 것이 감성 마케팅이다.

3

숫자보다 찐소통이 중요한 이유

팔로워 1,000명의 진짜 의미

팔로워(팬) 수가 대략 몇 명이면 인플루언서로 인정받을까? 미국의 IT 미디어 「와이어드(Wired)」 전 편집장이자 저명한 테크 칼럼니스트 케빈 켈리가 말한 '천 명의 팬' 이론을 살펴보자.

'천 명의 팬' 이론은 콘텐츠 크리에이터에게 기꺼이 돈을 지불하는 진정한 팬 1,000명만 있으면 누구든 먹고살 수 있다는 이론이다. 팬 1명당 월 1만 원씩만 결제해도 크리에이터는 월 1천만 원의 수익을 낼 수 있다. 지금까지는 크리에이터와 구독자 중간을 차지하고 있는 플랫폼 수수료 때문에 어려웠으나, 각종 테크의 발달로 구독자들이 직접 결제하면서 가능해졌다. 이것을 '크리에이터 이코노미(Creator Economy)'라고 부른다.

인스타그램을 예로 들어보자. 통상 팔로워 1,000명이면 마이크로 인플루언서, 3,000명이면 인플루언서 대열에 들어섰다고 한다. 숫자가 의미 있는 이유는 기업에서 공구나 협찬 등 협업 제안을 할 때 기준이 되기 때문이다.

그럼 팔로워가 1,000명이 안 되는 인스타그램 계정은 영향력이 없는 것일까? 반대로 팔로워 숫자는 많으나 소통이 없는 조용한 계정은 영향력이 있다고 볼 수 있을까?

콘텐츠 강의와 코칭을 꾸준히 하고 다양한 계정의 흥망성쇠를 지켜보면서 알게 된 것들이 있다. 팔로워 수나 '좋아요' 수보다 더 중요한 것은 댓글 개수와 내용이라는 점이다. 팔로워 수나 '좋아요' 수가 정량적 지표라면, 댓글 개수나 내용은 내 콘텐츠에 대한 관심도, 즉 정성적 지표라고 할 수 있다.

댓글이 중요한 이유는 사람들이 '좋아요'나 공감은 남기더라도 댓글까지 남기는 것은 한 차원 더 나아간 적극적인 행동이기 때문이다.

댓글을 남기는 것은 내 이야기에 참여하고 싶다는 뜻이다. 그러다 보면 내가 판매하는 제품 또는 서비스를 구매할 가능성이 높다. 제품을 구매하면 나와 관계를 맺는 것이고 나의 팬이 될 수 있다. 그렇기 때문에 댓글 지표가 중요하다.

타인이 남긴 댓글이나 내가 남긴 댓글 모두 그 내용을 살펴볼 필요가 있다. '멋지네요', '다녀갑니다' 등의 형식적인 댓글보다 그 사람의 이야기를 잘 들여다보고 댓글을 남기는 것이 중요하다. 댓글로도 감정이 그대로 전달되기 때문이다.

댓글은 어떻게 남겨야 할까? 댓글에도 요령이 있을까? 답은 의외로 간단하다. '내가 받고 싶은 댓글을 남기는 것.' 그렇게 하다 보면 어느 순간부터 내가 원하는 댓글을 받게 될 것이다. 온라인 세계, 콘텐츠 세계에서도 '역지사지(易地思之)'는 통한다.

4

성공을 좌우하는 일상 콘텐츠의 힘

자발적인 구독자가 늘어나는 경우?

콘텐츠를 통해 마케팅과 브랜딩까지 하려면 평소에 어떤 콘텐츠를 올려야 할까? 어떤 사람은 평범한 '일상'을 가볍게 툭툭 올리는 것 같은데 사람들의 반응이 좋다. 신규 유입도 많고 와글와글한 분위기가 잘 형성되는 계정이 있다면 벤치마킹한다는 생각으로 꼼꼼히 살펴보자. 콘텐츠로 마케팅과 브랜딩도 잘하는 사람들은 일상 콘텐츠도 한 끗 차이가 있음을 느낄 수 있을 것이다.

일상적인 이야기라도 평소 내가 하는 일과 관련 있는 것을 올려야 한다. 나의 정체성과 동떨어진 일상을 계속 올리는 것은 큰 의미가 없다. 내가 하는 일과 관련된 노력, 자기계발 루틴, 일에 대한 철학이 들어간 일상 콘텐츠를 지속적으로 올려보자. 예를 들어 아침에 마시는 커피 한잔을 소재로 할 때도 단지 커피에 초점을 맞추는 것이 아니라 관점을 담는 것이다.

종종 커피를 소재로 콘텐츠를 올리지만, 단지 커피만을 다루지는 않는다. 그 안에 오늘 하루 있을 다양한 일과 기회를 놓치지 않겠다는 '관점'을 넣는다. 사진만 보면 일상 콘텐츠인가 싶지만, 내용을 읽어보면 그 사람의 업에 대한 철학을 느낄 수 있다. 일상을 소재로 하므로 사람들의 참여를 이끌어내기 좋고, 단지 일상 이야기에 그치는 것이 아니기에 여운을 남길 수 있다.

일상 콘텐츠에도 나만의 감성을 넣어보자. 매일 조금씩 꾸준히 노력하는 것들을 콘텐츠로 발행하는 것이다. '하루 한 개 습관 실천 챌린지'에 참여한 적이 있다. 실천하기 어려운 습관을 정해서 인증하는 프로젝트였다. 나는 '책 속 문장 필사'로 정하고 필사한 문장을 콘텐츠로 만들어 꾸준히 공유했다. 자신의 SNS에 공유하고 싶다는 사람들, 저장하고 싶다는 사람들이 많아 생각보다 큰 호응을 얻었다.

이처럼 일상에서 노력한 것들을 콘텐츠로 만들어서 주기적으로 발행하면 내 전문성을 자연스럽게 전달하고 신뢰를 얻을 수 있다. 사람들의 마음을 움직여 당신이 하고자 하는 일에 참여하고 싶게 만들 것이다. 더 나아가 사람들은 당신의 계정을 구독할 것이다.

일상 콘텐츠는 나를 좋아하는 팬을 차곡차곡 모으는 효과가 있다. 명심하자. 자발적 구독자는 '홍보 콘텐츠'에서 늘어나지 않는다. 자발적 구독자는 '일상 콘텐츠'에서 늘어난다.

일상 콘텐츠는 내가 꾸준히 노력하는 것들을 보여줌으로써 전문성과 신뢰를 구축하는 동시에 유의미한 팔로워를 모으는 역할을 한다. 단, 지구 반대편에 있는 나와 전혀 상관없는 팔로워가 아닌 친구의 친구, 즉 유의미한 팔로워부터 늘려나가는 것이 효율적이다. 나에게 시간 또는 비용을 지불할 가능성이 있는 구독자는 전자가 아닌 후자이기 때문이다.

이것이 바로 일상 콘텐츠의 힘이다. 성과를 내는 홍보 마케팅을 잘하고 싶다면 역설적이게도 일상 콘텐츠를 잘 생산해야 한다.

"답은 일상 속에 있습니다. 나한테 모든 것이 말을 걸고 있어요. 하지만 대부분 들을 마음이 없죠. 그런데 들을 마음이 생겼다면, 그 사람은 창의적인 사람입니다."(『책은 도끼다』, 박웅현)

5

본편만큼
중요한
예고편 실전 팁

예고 콘텐츠의 진짜 의미

"시간도 없는데 예고편은 생략하면 안 될까요?"

"예고편에서 어디까지 공개해야 할지 모르겠어요."

"막상 홍보를 시작했는데 아무도 오지 않으면 어쩌죠?"

이제 막 콘텐츠 마케팅을 시작한 사람들이 많이 하는 질문이다.

1인 기업가들은 적은 리소스로 많은 일을 소화해내야 하므로 주요 업무에 집중할 수밖에 없다. 1인 기업가에게 선택과 집중은 늘 중요하다. 그렇기에 신규 제품이나 서비스 오픈을 앞두고 오픈 마케팅에만 몰두하기 쉽다. 홍보는 언제, 어떤 콘셉트로 할지, 메시지, 카드뉴스, 영상 등은 어떻게 제작할지, 오픈 기념 이벤트는 어떻게 할지 등에 주력한다.

이때 우리가 간과하기 쉬운 문제점이 있다. 사람들은 나만큼 내 비즈니스에 관심이 없다는 것이다. 그래서 중요한 것이 예고편이다. 예고편은 그저 미리 보여주기만 하는 것이 아니다. 지금 어떤 제품과 서비스를 준비 중인지, 언제 해당 제품과 서비스를 출시할 예정인지 알려주고 예상 타깃층들에게 마음과 지갑을 열 준비를 하라는 신호를 보내는 것이다.

내 제품이나 서비스가 아무리 유니크하다고 해도 알리지 못하면 수많은 홍보 피드 속에 묻히기 마련이다. 내 제품이나 서비스가 아무리 좋아도 주요 타깃층에게 닿지 않으면 구매로 연결되기 어렵다. 세상에 좋은 제품이나 서비스는 너무도 많다. 반드시 '예고편'으로 잠재 고객들에게 정중히 '초대장'을 보내야 고객들도 마음과 지갑을 열 준비를 한다.

중요한 것은 당장 반응이 없다고 조바심을 내서는 안 된다는 점이다. 맛있는 밥을 지으려면 뜸을 들여야 하듯이 예고편을 올리고 여유 있게 기다리자. 내 콘텐츠가 원하는 타깃층에 닿을 때까지 시간이 걸린다고 생각하자. 당신이 보낸 초대장을 기억하고 그 시간에 맞춰 찾아올 사람들이 분명 있을 것이다!

운영 중인 '콘텐츠 루틴 프로젝트'의 예고 콘텐츠를 만들었다. 콘텐츠 노트 등 실물 키트(kit)가 포함된 박스를 비주얼 이미지로 보여준 예고편은 많은 사람들의 호기심을 끌어당겨 해당 프로젝트는 조기 마감되었다. 플랫폼에 적합한 형태, 호기

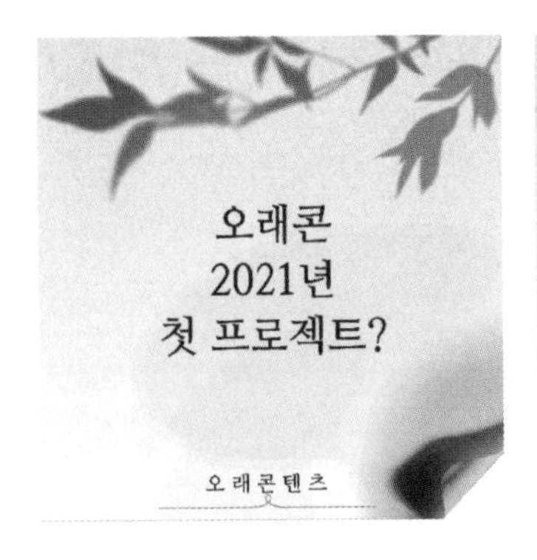

심을 불러일으킨 표현법, 적절한 타이밍의 예고편이 성과로 이어진 사례다.

중요한 홍보 마케팅을 계획하고 있다면 예고편의 중요성을 잊지 말고 프로젝트 실행 스케줄에 예고편 일정을 반드시 포함하자.

6

일잘러들의 백전백승 홍보 마케팅 실전 팁

마케터는 ○○하는 사람이다

마케터에게 중요한 것은 무엇일까? 바로 '오픈 마인드'라고 생각한다. 마케터는 정성스럽게 준비한 파티에 사람들을 초대하는 사람이다. 적극적으로 손을 내미는 사람인 것이다. 홍보 콘텐츠에 '좋은 것을 준비했으니 나를 믿고 함께하자'는 마음이 느껴져야 한다. 마케터가 소극적이면 보는 이들에게도 그 마음이 전이되기 마련이다. 소극적인 마음이 느껴지면 누가 함께하려고 할까? 그 제품과 서비스는 과연 잘 팔릴까?

초대장을 보내는 것이 예고편이라면 본편인 홍보에서는 즐길 준비가 되었다고 생각하자. 내가 정성껏 열심히 준비한 모임이 시작된 것이다. 당신이 열과 성을 다하고 밤을 새워가며 이렇게 해볼까, 저렇게 하면 어떨까, 어떤 혜택을 줄까, 더 줄 건 없을까 고심해서 준비한 파티를 사람들은 분명 마음에 들어할 것이다. 믿어 의심치 말고 마음껏 기량을 펼쳐라. 글과 이미지, 영상 모두에 그 마음이 묻어나게 하자. 그 마음은 그대로 전이될 것이다.

2020년, 반품률 1%대를 유지하며 월급만큼 꾸준한 수익을 가져다준 '온라인 스토어 운영 노하우' 강의를 진행했다. 어떻게 하면 팔리는 제품을 소싱(sourcing, 구매)할 수 있는지, 공구 준비는 어떻게 해야 하는지, 콘텐츠 마케팅은 어떻게 해야 하는지, 주문 처리와 배송, 고객 관리는 어떻게 진행되어야 하는지, 후기를 독려하는 방법은 무엇인지 등 온라인 쇼핑몰 운영 전 과정을 다룬 강의였다. 열정으로 해온 업무를 강의안으로 정리해보니 제품 소싱부터 콘텐츠 생산, 배송부터 고객 관리까지 쇼핑몰의 모든 프로세스에 '정성스럽게 준비한 파티에 초대하는 마음'을 담았다는 것을 느낄 수 있었다.

강한 전문성을 줄 때 유용한 이것

본격적인 홍보 마케팅을 할 때는 홍보가 시작된다는 느낌을 강하게 주는 동시에 전문적으로 보여져야 한다. 이때 효과적인 방법 하나를 소개한다. 홍보에 효과적인 비주얼과 문구를 디자인하여 제작한 이미지, 즉 카드뉴스를 활용하는 방법이다. 카드뉴스는 보통 디자인 작업을 거친 이미지라고 인식하는 경우가 많은데 나는 조금 다르게 정의하고 싶다.

카드뉴스는 단지 잘 디자인된 이미지가 아니다. 내가 하는 일의 홍보 마케팅을 위해 헤드카피 문구와 본문 카피를 어떻게 쓸 것인지, 어떤 이미지가 적절할지, 어떻게 배치하면 좋을지, 이것을 본 사람들에게 어떤 반응을 유도할지 등이 카드뉴

스에 응축적으로 담겨 있어야 한다.

잘 만들어진 카드뉴스는 강력한 기획서, 제안서라고 할 수 있다. 어떻게 기획하고 제작하느냐에 따라 강력한 효과가 나타나기 때문이다.

운영 중인 콘텐츠 강의 및 코칭 프로젝트 홍보 마케팅 방법의 하나로 '카드뉴스'를 제작 활용하고 있다. 기획 의도에 맞게 제작한 카드뉴스는 홍보 마케팅 역할을 담당하며 타깃으로부터 긍정적인 피드백을 받는다. 대표 격인 시그니처 프로젝트는 매 기수 마감을 이어가고 있다.

강력한 카드뉴스 제작 노하우

타깃의 마음을 열고 지갑을 여는 카드뉴스 제작 노하우를 알아보자.

첫 번째, 기승전결을 반드시 넣을 것

스토리의 기승전결을 구상해서 흐름에 반영하는 것을 말한다. 한 장짜리 카드뉴스라면 위에서 아래로, 여러 장짜리 카드뉴스라면 첫 장, 중간 장, 마지막 장에 각각 어떤 내용을 담을지 기승전결을 고려해 기획하고 순서대로 배치해야 한다. 기승전결이 들어 있는 카드뉴스는 끝까지 읽게 하는 힘을 발휘한다. 기승전결 없이 할 말만 나열한 카드뉴스보다 강력한 효과를 낼 수 있다.

두 번째, 일관된 디자인으로 만들 것

하나의 멋진 이미지보다 내 브랜드를 연상시킬 수 있는 템플릿을 만들어두는 것이 중요하다. 콘셉트 컬러, 로고, 레이아웃을 고려하여 템플릿을 만들어두자. 보는 사람들에게 일관된 이미지를 각인시킬 수 있다면 홍보 마케팅 효과도 커질 것이다.

세 번째, 제작 툴 사용법 알아둘 것

콘텐츠 제작을 돕는 다양한 온라인 도구(tool)들의 특징은 하나부터 열까지 내가 하나하나 직접 만들지 않아도 된다는 점이다. 디자인에 들어갈 요소와 폰트 등을 하나하나 직접 만들지 않아도 적합한 것을 찾아서 활용하면 된다. 카드뉴스 제작 툴로 캔바(Canva, 부분 유료), 미리 캔버스(Miri Canvas, 부분 유료), 망고보드(Mangoboard, 부분 유료)가 널리 쓰인다.

툴 사용법을 익혀서 카드뉴스를 제작해보자. 때때로 이를 업데이트해두는 것도 중요하다. 전략적 접근과 심미안을 갖춘 카드뉴스는 실전에서 강력한 홍보 마케팅 무기가 될 수 있다.

전략적 마케팅 툴을 활용해서 정성스럽게 차린 디너파티에 사람들을 '초대'해보자. 마케터로서 나는 다른 사람이 되어야 한다. 원래는 소극적이라 하더라도 적극적인 마케터가 되어야 퍼포먼스를 낼 수 있다. 마케터의 본질은 초대하는 사람이다. 본질을 생각하면 문제해결이 쉬워진다. 이러한 본질을 알고 실행한다면 당신도 일잘러 마케터가 될 수 있다.

7

자발적 후기를 쓰게 만드는 실전 팁

고객의 스토리가 독보적인 이유

"마음에 든다고는 하는데 막상 후기는 안 올라와요."

"후기 얻는 방법 궁금해요. 자꾸 말하면 부담 주는 것 같아서……."

"멋진 사진 후기를 받는 비결이 있을까요?"

상품이나 서비스를 판매하기 위해 마케팅을 하다 보면 이런 순간을 맞닥뜨리게 된다. 분명 만족한다고 했는데 후기는 왜 안 올리는 것일까? 구매해준 것만으로도 감사한 일인데 후기까지 요청하면 너무 부담을 주는 것은 아닐까? 다른 판매자가 받는 후기는 좀 다른 것 같은데 그 비결은 무엇일까? 우선 고객의 후기를 왜 받아야 하는지부터 생각해보자.

연설가이자 스토리텔링 컨설턴트 킨드라 홀의 『스토리의 과학』에는 다음과 같은 내용이 나온다.

"고객 스토리가 독보적인 이유는 '판매자가 들려주는 스토리를 과연 믿어도 될까?'라는 지워지지 않는 의문을 없애주기 때문이다."

고객이 직접 경험한 이야기가 담긴 후기를 받아보았다면 고개가 끄덕여지는 대목이다. 그렇다면 고객으로부터 후기를 받는 구체적인 방법은 무엇일까? 기업 브랜드 마케팅 10년, 제품 및 지식 콘텐츠 마케팅 10년, 20년 차 마케터의 관점에서 보면 다음과 같다.

첫 번째, 좋은 제품 심은 데 좋은 후기 난다

후기는 제품을 넘어서지 못하게 되어 있다. 불만족스러운 제품과 서비스를 제공받았는데 좋은 후기가 나올 수 없는 것은 당연한 이치다. 좋은 후기를 받고 싶다면 내가 제공하는 것들이 약속한 품질을 갖추고 있는지 점검해보자.

홍보 마케팅에서 내(우리) 브랜드가 사용하고 있는 키워드, 광고 문구, 이미지, 영상 등 비주얼을 점검해보자. 신기하게도 그 제품을 둘러싼 분위기를 닮은 후기가 많다. 사람들의 후기는 브랜드가 제공한 것을 벗어나지도 뛰어넘지도 않는다. 감성을 담은 후기를 받고 싶다면 제품과 서비스, 홍보 마케팅에도 정성을 담아야 한다.

두 번째, 후기 쓸 구체적인 이유 제시하기

타인은 생각보다 당신에게 관심이 없다. 후기를 쓰기 싫어서가 아니라 올릴 필요성을 못 느낄 수도 있다.

고객에게 후기를 쓸 이유를 알려주어야 한다. 거창한 이유일 필요는 없다. 대단한 혜택이지만 내가 얻을 확률이 적은 것과 혜택 자체는 작아도 확실하게 얻을 수 있는 것, 둘 중 무엇이 좋을까? 큰 혜택은 소수에게 주되 작지만 누구에게나 지급되는 혜택도 있어야 한다.

무엇이든 부탁하는 것 자체가 쉽지 않은 일이다. 잘 부탁하는 데도 기술이 필요하다. 하지만 너무 어렵게 생각할 필요 없다. 부탁한 후에는 잊어버리자. 공이 우리 손을 떠나 고객에게로 넘어갔다고 생각하자. 그 공이 후기가 되어 돌아오기를 기다리자. 단, 일단 부탁을 해야 이 모든 것들이 시작된다.

세 번째, 후기 감사 시스템 만들기

제품을 배송할 때 후기 요청 메시지를 함께 보내는 전략이다. 이때 후기 생성 시스템을 만들어서 운영하면 좋다. 시스템은 거창한 것이 아니다. 예를 들어 배송 단계에서 손편지와 작은 선물을 함께 보내는 것이다.

주문 고객에게 작은 선물을 함께 넣어 보내는 것은 내가 운영하고 있는 온라인 쇼핑몰에서 오래전부터 해왔던 방법이다. 우리 제품을 구매해주어서 감사하다는 마음을 담은 것이다. 더불어 제품이 마음에 들었다면 구매평을 남겨달라는 후기 독려도 담겨 있다. 후기 요청을 명시해서 보내기도 하지만 그냥 감사의 차원에서 보낸 경우도 많았다. 받은 분들이 기뻐하면 기꺼이 자발적으로 구매평을 남기는 기적을 바랐다. 다행히 바람으로 머물지 않고 많은 고객들이 자발적으로 후기를 남겨주었다.

코로나19 이후로 배달 음식 시장이 폭발적인 성장세를 이어가고 있다. 잘 살펴보면 배달 음식에도 이러한 후기 독려 이벤트를 어렵지 않게 볼 수 있다. 후기 요청 손글씨 포스트잇 제품도 틈새 상품군으로 생겼다고 한다.

작아도 확실한 보상에 사람들의 마음이 움직인다. 너무 크지 않아도 된다. 마음이 담긴 작은 선물 정도면 충분하다. 사람들은 즐거워하며 기꺼이 시간을 내서 후기를 쓰고 싶을지도 모른다.

네 번째, 약속한 리워드를 반드시 지켜라

SNS에서 이벤트를 진행할 때 하기 쉬운 실수 중 하나는 진행 및 이후 다른 프로세스 처리에 바빠서 선물 증정을 깜박하는 경우이다. 주최하는 입장에서는 사소한 부분일 수 있지만 그것을 받는 사람들에게는 체감이 큰 중요한 문제일 수 있다. 누군가는 기억하고 있다고 생각하고 작은 것일지라도 약속을 꼭 지키자.

후기가 많은 브랜드에는 이런 비밀이 있을 것이다. 다만 이러한 트렌드는 시대에 따라 조금씩 바뀐다는 것을 알아야 한다. 이때 감성 마케터가 가져야 할 태도는 찾아와 준 고객, 참여하고 구매해준 모든 고객에게 감사하는 마음을 전하는 것이다.

후기를 독려하기 위해 증정하는 선물, 이벤트 당첨 선물에 들어가는 비용은 당장 부담으로 느껴질 수 있지만 결코 마이너스가 아니다. 내 브랜드를 키우기 위한 투자이다.

비용을 들여서 투자했는데도 구매가 일어나지 않았다고 해서 조급해할 필요는 없다. 첫 방문에서 구매하지 않더라도 두 번째, 세 번째에는 구매가 일어날 수 있다. 당장은 반응이 미미하더라도 쌓아온 노력이 폭발적인 성과로 나타나는 경우가 종종 있다. 이것이 감성 마케팅이다.

내 콘텐츠를 구독하는 사람들 모두 잠재 고객이라고 생각하자. 방문자와 구독자 한명 한명에게 감사한 마음이 들 것이다. 긍정적인 마음을 가지고 내 콘텐츠를 지켜보는 구독자의 힘을 믿고 지속해보자.

8

마케팅을
성공으로 이끄는
플랫폼 활용법

한 우물을 파면 성공한다는 이야기는 이제 옛말이 되었다. N잡, 사이드잡을 통해 수익을 확대하고 패시브 인컴(Passive Income, 내가 일을 하지 않아도 수익이 발생하는 구조) 등 다양한 파이프라인을 만들어 남들보다 빠르게 경제적 자유를 얻고자 하는 사람들이 늘고 있다.

이러한 시대에 중요한 것이 무엇일까? 내 주력 분야를 정한 뒤 관련 콘텐츠를 쌓고 다양한 채널에서 나라는 브랜드가 검색되도록 만드는 것이다. 콘텐츠 생산자, 1인 기업가, 퍼스널 브랜드에게 지금 반드시 필요한 플랫폼은 무엇인지, 각 플랫폼별 특징은 무엇인지 알아보자.

콘텐츠의 대표적 플래그십 스토어, 네이버 블로그

네이버 블로그는 우리나라 사람들이 오랫동안 이용해온 대표적인 플랫폼이다. 글과 사진을 적절히 배치하고 노출할 수 있어 내 이야기를 펼쳐서 보여주기에 적절하다. 상위 노출, 생산 운영 관련 노하우가 있다면 체험단, 리뷰어, 애드포스트(광고 수익) 등 경제적인 목적으로 활용하기 좋은 플랫폼이다.

네이버 블로그는 내 콘텐츠를 총망라해서 보여주기 좋은 플랫폼으로 강사, 전문 분야, 전문 직종 등 목적이 분명한 업종에 적합하며 나라는 브랜드를 알리기에도 유용하다. 한마디로 플래그십 스토어 같은 플랫폼이다. 구글이 네이버의 대항마로 부상했지만 네이버 블로그는 여전히 콘텐츠 생산자들에게 중요한 플랫폼 중 하나다.

콘텐츠의 디자인 프리마켓, 인스타그램

인스타그램은 초보자가 계정을 생성하고 콘텐츠를 생산하기 비교적 쉬운 플랫폼이다. 빠르게 콘텐츠를 생산하고 운영할 수 있어서 초기에 성과를 내기 좋다. 사람들과의 소통이나 참여 유도가 비교적 쉬워 적은 노력으로 활성화하기에 적합하다.

주력 플랫폼을 따로 운영하면서 보완책으로 인스타그램을 추가 운영하기를 추천한다. 특히 비즈니스 대상이 20~30대 또는 40~50대 여성층이라면 인스타그램은 필수다. 글보다는 비주얼 요소(이미지, 영상, 릴스 등)가 강조되는 플랫폼으로 시각화를 잘하는 사람이 유리하다. 사진 보정, 영상 편집 등 비주얼 관련 기술을 지속적으로 향상하려는 노력이 필요하다.

인스타그램은 내 취향을 드러내기 쉬운 만큼 취향 연계 마케팅이 용이해서 무엇인가 판매하고자 한다면 놓치지 말아야 할 플랫폼 중 하나다. 메타(구 페이스북)가 인수한 글로벌 플랫폼 인스타그램을 활용하여 글로벌 고객을 만날 가능성에 도전해 보자.

스토리 콘텐츠가 모여 책이 되는 곳, 카카오 브런치

출판 업계 관련자들이 예비 작가를 찾기 위해 지켜보는 플랫폼은 무엇일까? 바로 카카오 브런치다. 카카오 브런치 작가가 되기 위해서는 신청을 하고 통과가 되어야 하는데 관문이 있는 만큼 희소성을 가진다.

내 콘텐츠를 쌓는 동시에 세상에 선보임으로써 예비 독자를 만들고 내가 쓴 글이 한 권의 책이 될 가능성이 있는 곳, 카카오 브런치의 매력이다.

단, 성장 속도나 반응은 느릴 수 있다. 끈기를 가지고 나만의 이야기를 펼치다 보면 내 글에 애정을 가지고 구독해주는 독자들을 확보할 수 있다. 단, 수많은 작가의 글 중에 내 이야기를 읽어야 하는 이유가 반드시 필요하다. 출간을 목표로 출판업계 관련자들의 눈도장이 필요한 예비 작가들에게 추천한다.

대체 불가한 영상 콘텐츠의 장, 유튜브

유튜브에는 다양한 사람들의 다양한 콘텐츠가 연일 쏟아진다. 멤버십 가입을 해야 볼 수 있는 콘텐츠도 있지만 대부분 광고를 시청하면 무료로 볼 수 있다. 유튜브 크리에이터로 다양한 기회는 물론 막대한 수익을 창출할 수 있다는 것은 이미 널리 알려져 있다. 그럼에도 사람들이 유튜브 크리에이터가 되기를 망설이는 이유는 진입하기에 시기가 늦었다고 생각하기 때문이다.

유튜브에 업로드된 영상 수가 너무 많고 갈수록 영상의 퀄리티도 높아지고 있다. 하지만 그만큼 시청자 수와 시청 시간도 늘어나고 있다는 점을 간과해서는 안 된다.

유튜브를 시작해야 할 이유는 또 있다. 유튜브를 대체할 플랫폼을 떠올려보자. 마땅히 떠오르는 대안이 있는가? 그런 점에서 유튜브는 여전히 성장 가능성이 높은 시장이다. 비슷한 주제의 영상을 올리는 채널이 이미 많다는 우려도 있다. 하지만 비슷한 주제라 하더라도 그 주제로 내가 올리는 영상, 내 이야기는 유일할 것이다. 같은 주제라도 누가 어떤 경험을 토대로 이야기하는지에 따라 천차만별이기 때문이다.

내가 가진 이야기와 구독자의 니즈가 만날 때 스파크를 일으킬 수 있다. 늦었다고 생각하지 말고 나만이 할 수 있는 이야기를 유튜브에 업로드해보자.

도전하는 자가 기회를 잡는 곳, 틱톡

틱톡은 숏폼 영상 플랫폼으로 비교적 적은 노력으로 구독자를 늘릴 수 있는 플랫폼이다. 틱톡을 기반으로 한 스타들이 연일 나오고 있다. 익숙하지 않아서, 잘 몰라서 망설이기에 틱톡은 놓치기 아까운 블루오션이다.

젊은 층만이 틱톡을 한다고 생각하면 오산이다. 강남 한의사 틱톡커 사례는 40~50대도 틱톡으로 스타가 될 수 있다는 가능성을 보여준다.

틱톡을 짧은 영상으로 부담 없이 즐길 수 있는 놀이터로 생각하고 즐겨보자. 언제 어디서 스타가 탄생할지 모르는 플랫폼이다. 부담은 내려놓고 가벼운 마음으로 시작해보길 추천한다.

관점이 콘텐츠가 되는 곳, 카카오 뷰

카카오 뷰는 2021년 카카오에서 출시한 온라인 콘텐츠 큐레이션 플랫폼이다. 스마트폰에 카카오톡 앱만 있으면 채널을 개설해서 운영할 수 있다.

내가 직접 생산한 콘텐츠뿐 아니라 선별한 콘텐츠를 발행할 수 있다. 즉, 내 콘텐츠가 없어도 운영 가능하다는 것이 카카오 뷰만의 차별점이다.

직접 생산한 콘텐츠가 없어서 망설였다면 카카오 뷰 운영에 도전해보자. 단, 쉽게 운영 가능한 만큼 경쟁이 치열할 수 있다. 또 '그 집에서만 제공하는 것(콘텐츠)'이 있어야 롱런할 수 있다는 점을 기억해야 할 것이다. 또 수많은 보드에 묻힐 수 있으므로 꾸준히 지속해야 한다. 꾸준히 보드를 발행해야 수익 창출로 이어진다. 내 콘텐츠가 없어도 큐레이션 능력만 있다면 바로 시작할 수 있는 카카오 뷰에 지금 도전해보자.

이처럼 다양한 사람들을 연결하는 능력을 가진 슈퍼 커넥터, 관여도 높은 팔로워를 보유한 커뮤니티 리더들이 빛을 보는 시대다. 그렇게 하기 위해서는 다양한 온라인 플랫폼을 활용할 줄 알고, 각각의 플랫폼에 맞춰서 나를 담아내야 한다. 콘텐츠 하나하나를 만드는 순간순간 진정성을 담아서 말이다.

특정 플랫폼이 중요하다는 이야기를 하려는 것이 아니다. 특정한 플랫폼에 의존하는 것이 아니라 언제 어디서나 사람들이 편리하게 나와 내 콘텐츠를 접할 수 있도록 플랫폼별로 다양한 접점을 구축해두는 것이 중요하다.

9

진심이 찐팬 만드는 감성 마케팅 효과

지금까지 감성 마케팅의 의미와 원리, 예고편과 홍보 콘텐츠, 후기 콘텐츠에 대해 살펴보았다. 이제는 감성 마케팅의 효과에 대해 알아보자.

첫 번째, '찐팬' 구축이 가능하다

감성 마케팅의 가장 중요하고 핵심적인 효과는 내가 제공하는 것을 좋아해주고 긍정적으로 바라볼 진짜 팬층을 구축할 수 있다는 것이다.

SNS 계정에 홍보 글을 올린다고 했을 때, 구독자들의 반응을 '또 무엇을 판매한다는 거지?'에서 '무슨 흥미로운 이야기를 하는지 들어보자'로 바꿀 수 있다.

콘텐츠 생산 관점에서 보면 양적으로 덜 생산하면서도 오래 기억되는 효과를, 마케팅 관점에서 본다면 참여도를 높이는 효과를 기대할 수 있다. 상품의 효용이나 혜택만 강조하는 것이 아니라 나에 대해 사람들이 몰랐던 이야기, 개인적인 이야기도 전달하면 사람들과 나 사이에 '연결 고리'가 생기는 것이다. 말하자면 '정서적 연결 고리'다. 사람들은 판매 자체보다 스토리에 주목하고 나와 고객 사이에 유기적인 '연결 고리'가 생기는 것이다.

이렇게 되면 같은 품목, 동일한 상품을 더 저렴한 가격으로 제공하는 판매자가 등장하더라도 쉽게 대체되지 않는다. 장기적으로 조금 부족하더라도 이해해주는 찐팬이 생기는 것이다.

두 번째, 고객 클레임을 줄일 수 있다

상품을 판매한다면 감성 마케팅으로 반품과 클레임을 줄이는 효과를 기대할 수 있다. 다음은 온라인 쇼핑몰 운영을 할 때 경험한 사례다. 주문 건 배송 메모에 지정 날짜에 맞춰 배송을 요청한 고객이 있었다. 그 고객은 배송 메모뿐 아니라 문의 게시판에도 원하는 날짜를 남겼다.

당시 배송 업무는 직원과 나눠서 했는데 더 신경 쓴다고 내가 직접 배송을 진행했다. 그런데 어떻게 된 일인지 배송 날짜는 맞췄으나 다른 고객에게 보낼 엉뚱한 상품이 발송된 것이었다.

단순히 주문으로만 연결된 고객이라면 심하게 클레임을 할 수 있는 상황이었다. 그런데 그 고객은 오랜 시간 내 SNS를 구독해온 구독자이기도 했다. 신경 써서 보내겠다더니 정작 엉뚱한 상품을 보낸 것이 어이없게 느껴졌을 텐데도 그 고객은 진심을 담은 사과를 받아주었다. 선물받은 분이 좋아했다고 하면서 따로 메시지를 보내주기도 했다.

판매자 또는 마케터 입장에서 감성 마케팅은 이러한 장점이 있다. 하지만 남발해서는 안 된다. 가능한 쓰지 않는 히든카드로 생각해야 한다. 지속적으로 실수를 연발하는 판매자와 마케터를 계속 너그럽게 받아주는 사람은 없다.

세 번째, 좋아하는 일로 성과를 낸다

내가 좋아하는 것을 좋아한다고 할수록 그것에 동조하고 더 나아가 기꺼이 시간을 내고 비용을 지불할 의사가 있는 사람들이 모여든다. 그러니 콘텐츠를 통해 선언하자. 내 취향은 이것이라고, 나는 이것을 잘한다고. 이러한 메시지가 그것을 필요로 하는 타깃층과 만나면 당신의 취향이 돈이 되고 브랜딩이 된다.

취향에 날을 세울수록 잘된다면 좋아하는 일을 지속해도 된다는 뜻이다. 좋아하지 않는 일을 하면서 돈을 벌 때를 떠올려보자. 내가 좋아하는 일을 하는 경우는 흔치 않다. 하기 싫어도 참고 해야 하는 일들이 더 많을 것이다. 특히 회사에 다니면서 좋아하는 업무를 하기는 쉽지 않다. 내가 좋아하는 일은 퇴근 후에나 할 수 있다. 따라서 좋아하는 일일수록 우선순위에서 밀리기 쉽다.

내가 좋아하는 일을 가지고 감성 마케팅을 하면 그 일을 더 좋아하게 된다. 잘할수록 더 잘되는 상황이 만들어지는 것이다. 좋아하는 일을 하면서 돈을 벌 수 있고 돈을 벌면서 나를 알리고 찐팬도 모을 수 있으니 일을 하면서도 성취감을 넘어서서 설렘을 느낄 수 있다.

네 번째, 마케터의 진심을 전한다

판매하는 상품(서비스)이 아니라 판매자에게 초점을 맞추는 감성 마케팅은 판매 촉진을 넘어서는 성과를 기대할 수 있다.

코로나19 상황에서 찾기 쉬운 위치가 아닌데도 전국에서 찾아오는 이들의 발길이 끊이지 않는 곳이 있다. 고기리막국수는 용인시 고기리 산길 안쪽에 자리한 식당으로 초창기에는 하루 단 한 그릇밖에 팔리지 않았다고 한다. 하지만 진심을 담아 꾸준히 운영해온 결과 지금은 전국에서 막국수를 먹기 위해 찾아오는 사람들의 발길이 끊이지 않는다. 하루 1,000그릇 이상의 막국수를 파는 집, 미디어에서 종종 볼 수 있는 인기 막국숫집이 되었다.

또한 대기업 오뚜기와 콜라보를 진행해 집에서도 간편하게 즐기는 HMR(Home Meal Replacement) 제품을 출시하는 등 활발한 활동으로 이제 오프라인 식당을 넘어서서 막국수 대표 브랜드가 되었다.

고기리막국수의 스토리는 여기서 그치지 않는다. 김윤정 대표가 블로그와 인스타그램 등에 진심을 담아 꾸준히 올려온 콘텐츠는 책으로 출간되어 많은 사람들의 호응을 얻고 있다.

> "단지 우리가 잘해서 지금에 이른 것이 아니라는 점은 분명했습니다. 기꺼이 우리를 선택해준 분들에 대한 감사의 마음을 그분들과 더 오래 나누겠다고 다짐했습니다. 그러자 이 정도는 남아야 한다는 마음이 비워졌습니다. 비로소 식당을 한다는 즐거움이 무엇인지 그 의미를 받아들이게 된 순간이었습니다."(『작은 가게에서 진심을 배우다』, 김윤정)

맛집이 되는 것을 넘어서서 사랑받는 브랜드, 퍼스널 브랜딩까지 구축한 사례다. 진심을 담은 감성 마케팅의 결과가 아닐까.

나는 온라인 쇼핑몰을 운영하면서 겪은 에피소드를 '9년째 사랑받아 온 괴짜 상점의 비밀'이라는 제목으로 브런치에 연재했다. 콘텐츠 멀티유즈의 일환으로 시작한 것인데 글이 쌓이면서 포털 메인에 오르고 추천 콘텐츠로 선정되었다. 독자들이 역으로 온라인 쇼핑몰로 유입되어 높은 구매율로 연결되는 등 콘텐츠의 역주행이 일어나기도 했다.

글을 쓰면서 깨달은 것은 내가 하는 일이 판매업을 넘어선 일이라는 점이었다. 내가 판매하는 것은 단지 상품이 아닌 콘텐츠의 일환이었다. 고객과의 관계도 판매 후에 종결되는 것이 아니라 언제 어떤 콘텐츠로도 만날 수 있는 지속적인 관계를 맺고자 노력했다.

감성 마케팅을 통해 판매 촉진도 일어났지만, 그 과정에서 내가 알게 된 노하우를 나누면서 점점 더 많은 사람들과 연결되고 더 많은 기회를 얻을 수 있었다. 이것이 내가 경험한 감성 마케팅 효과이다.

감성 마케터가 된다는 것은 쉽지 않은 일이다. 하지만 감성 마케팅으로 전혀 다른 새로운 시장을 만들어낸다면 경쟁하지 않고도 경쟁자를 이길 수 있다. 반응이 나타나기까지 시간이 걸리지만 어느 순간 폭발적인 반응과 함께 '러브마크(lovemarks)'로 오랫동안 사랑받을 수 있다.

이때 감성 마케터가 판매하는 것은 제품뿐 아니라 운영자의 '스토리'이자 '콘텐츠', 마케터의 '진심'이자 '고백'이다. 운영자가 제공하는 것은 '경험'이며 '가치'다. 그렇기에 감성 마케팅을 통해 판매자라는 이미지에서 벗어나 궁극적으로 나의 주력 분야에서 고객들이 가장 먼저 떠올리는 퍼스널 브랜딩을 할 수 있다.

감성 마케팅에서 잊지 말아야 할 점이 있다. 바로 역지사지 마인드다. 내 상품 또는 서비스를 판매하고 싶다면 나의 제품에 관심을 보이는 상대방을 살펴야 한다. 그들도 무엇인가를 판매하고 있지 않은지, 만일 그렇다면 그들의 물건과 서비스에도 관심을 기울인다. 나에게 필요한 것이라면 구매하는 것도 좋다. 그들도 내 제품과 서비스를 그렇게 구매했을 것이다. 내가 무엇을 어필하고 싶다면 2배, 3배로 먼저 주는 마인드가 필요하다.

의욕에 차서 마케팅으로 도배하는 것은 경계해야 한다. 일이 잘 될 때 사람들이 많은 관심을 보여주니, 계속 판매 글만 올려도 무방하다고 생각하는 경우를 종종 본다. 이것 또한 역지사지 마인드로 생각해보자. 우리는 어떤 계정에 애정을 가지고 구독하는지, 판매 글로 가득 찬 계정인지, 일상과 일을 적절히 올려 유용함과 공감을 함께 느끼는 계정인지 말이다.

마케팅 횟수를 나에게 주어진 히든카드 횟수라고 생각하는 것은 어떨까? 그렇게 생각한다면 남발하지 않고 아껴두었다 기회가 왔을 때 한 장씩 쓰게 될 것이다. 단, 그 기회가 왔을 때는 마음껏 실력 발휘를 하자. 내 무대가 펼쳐졌다고 생각하고 최상의 퍼포먼스를 펼치자.

엘슈가의 감성노트 5

일잘러 감성 마케터의 알짜배기 뉴스레터 모음집

- 퍼블리(PUBLY) : 일하는 사람들의 콘텐츠 구독 서비스
- 폴인(fol:in) : 비즈니스 현장 인사이트 콘텐츠 구독 플랫폼
- 캐릿(Careet) : MZ세대 트렌드 파악 뉴스레터
- 어피티(UPPITY) : '돈알못'을 위한 경제 관련 콘텐츠 뉴스레터
- 커리어리(careerly) : IT 업계 직장인 중심 커뮤니티
- 뉴닉(NEWNEEK) : 밀레니얼 세대 맞춤형 뉴스레터
- MKYU 뉴스레터 : 3050세대 자기계발 콘텐츠 뉴스레터
- 롱블랙 : 하루 단 1개 콘텐츠 제공 지식 구독 서비스

Part 4

확장

감성 콘텐츠로
퍼스널 브랜딩 하는 법

1

당신이
가진 것을
브랜딩할 수 있는가?

"고민의 총량이란 내가 했던 시도의 총합이므로, 내 전문성 및 숙고의 결과를 파는 것입니다. 우리가 해야 하는 건 원류로서의 오리지널리티를 만드는 작업이지, 예전처럼 여기 우리 제품이 있다고 알리는 데 몰두하는 것은 아니란 얘기죠."(『그냥 하지 말라』, 송길영)

네이버에만 약 42만개의 스토어가 입점해 있다고 한다. 월평균 약 1만 5,000개였던 신규 스토어 수는 코로나19 이후 월평균 약 3만 5,000개로 늘어났다. 쇼핑몰을 창업하지 않고도 유튜브, 블로그, 인스타그램 등 온라인 플랫폼에서 무언가를 판매하는 사람들이 급속도로 늘고 있다.

코로나19 이후 가장 큰 변화는 이전보다 많은 사람들이 자신의 이름을 걸고 온라인 거래를 시작했다는 점이다. 코로나

19가 종식되더라도 비대면 트렌드는 지속될 예정이며 그에 따라 온라인으로 거래하는 프리랜서와 1인 기업은 더 늘어날 추세이다. 그런데 이들 중 꾸준히 거래를 일으키는 판매자는 얼마나 될까?

롱런하는 1인 기업가, 퍼스널 브랜드가 되고 싶다면 나만의 이미지를 사람들에게 각인시킬 수 있어야 한다. 상품이나 서비스를 구매할 때 중요한 것은 무엇보다 품질이다. 하지만 구매 결정 요인으로 판매자에 대한 호감도(like)가 점점 더 부각되는 시대다.

나만의 이미지를 형성하고 호감을 얻어서 구매 버튼을 누르게 하려면 어떻게 해야 할까? 남과 다른 나만의 차별점을 알리고 주력 분야에서 사람들이 선택의 순간에 나를 떠올리게 만들어야 한다. 이 과정이 바로 퍼스널 브랜딩이다.

퍼스널 브랜딩이란 한마디로 내가 가진 매력, 나다움과 내가 가진 전문성을 알려서 신뢰를 구축해가는 과정이다. 사람들을 직접 만나지 않고도 대부분의 일상적인 행위를 할 수 있는 비대면 시대에 온라인으로 나를 알리는 퍼스널 브랜딩이 점점 더 중요해지고 있다. 퍼스널 브랜딩에서 중요한 핵심 요소 3가지와 플러스알파를 알아보자.

1. 인지도 구축

지금은 남들과 다른 이야기 하나만 가지고 있어도 누구나 팬을 모으고 수익 창출이 가능한 '크리에이터 이코노미(Creator Economy)' 시대이다. 가장 먼저 해야 할 일은 '나'를 알리는 것이다.

나의 주력 분야에서 원하는 키워드로 검색되고자 한다면 내가 누구인지 설명할 자료를 올리고 꾸준히 업데이트해야 한다. 이때 자료는 나에 대한 기본 정보(프로필), 내가 제공할 수 있는 것들, 나만의 매력 포인트, 그리고 나와 연결되기 위한 접촉점, 즉 컨택 포인트(Contact Point, 연락처)를 포함한다. 나에 대해 아는 사람들이 점점 늘어나고 나에게 도달하기 쉽도록 만드는 것이 인지도 구축 과정이다.

2. 신뢰도 구축

나 자신이 하나의 브랜드가 되려면 내가 잘하는 것, 즉 전문성을 지속적으로 쌓아서 신뢰감을 전달할 수 있어야 한다. 소셜미디어를 활용하는 목적이 소소한 즐거움을 넘어 나를 알리고 '내 일'로 확장하는 것이라면 신뢰도 구축은 필수다. 퍼스널 브랜딩에서 신뢰도가 중요한 이유는 업무 의뢰, 프로젝트 신청, 제품 또는 서비스 구매 등으로 이어지기 때문이다. 이때야말로 고객들이 자신의 비용과 시간을 나에게 지불하는 순간이다.

내가 생산한 콘텐츠에 대한 반응은 좋지만 일로 연결되지 않는다면 신뢰도를 검토해보자. 또 나라는 브랜드의 신뢰도를 쌓는 것 못지않게 유지하는 것도 중요하다. 신뢰를 쌓는 데는 많은 시간과 노력이 들지만 무너지는 것은 한순간이기 때문이다.

3. 공감 구축

온라인 영역이 점점 확대되고 있는 시대에 퍼스널 브랜드로 기억되려면 온라인상에서도 타인과 공감을 주고받는 능력이 필요하다. 공감을 바탕으로 타인과 소통해야 기억될 수 있기 때문이다. 로봇이나 인공지능(AI)에는 없고 오직 인간만이 가진 공감이 앞으로 점점 더 중요해질 것이다.

사람들은 나와 관련 없는 이야기보다 '맞아, 나도 그렇지'라는 공감을 불러일으키는 이야기에 끌린다. 끌리면 관계가 생기고 관계가 생기면 나에게 시간과 비용을 지불할 고객층을 만들어갈 수 있다. 이것이 퍼스널 브랜딩에 공감이 중요한 이유다.

이처럼 공감은 결정의 순간에 나를 선택하게 만드는, 구매 전환에 영향을 미치는 요소이다.

공감력을 갖춘 퍼스널 브랜드가 되는 방법으로 항상 상대방의 입장에서 생각해보는 습관을 추천한다. 나아가 인간에 대한 이해와 인문학적 소양을 꾸준히 쌓는다면 공감력을 향상할 수 있을 것이다.

콘텐츠 생산자의 퍼스널 브랜딩에 필요한 핵심 요소 3가지를 알아보았다. 플러스알파로 시대의 흐름에 맞춰 변화하는 피보팅 전략을 살펴보자.

4. 피보팅 전략

피보팅(pivoting)은 몸의 중심축을 한쪽 발에서 다른 쪽 발로 옮기는 스포츠 용어인데, 외부 변화에 맞춰 중요한 사업 전략의 전환을 뜻하는 경제 용어로 사용되고 있다. 변화가 빠른 온라인 비즈니스 세상은 위기와 기회가 공존하는 곳이다. 내가 해온 것, 잘하는 것만 고집하다 보면 도태되기 쉽다. '피보팅'의 뜻을 제대로 이해하고 이를 활용해 나의 주력 분야에서 살아남을 수 있어야 한다.

코로나19로 인해 세상은 그 어느 때보다 급변하고 있다. 내가 준비되어 있다면 변화는 '기회'가 되고 그렇지 않으면 '위기'가 된다. 취업하기도 어렵고, 취업하더라도 미래가 불안한 시대이다. 급변하는 환경에서 기민하게 변화의 흐름을 타려면 평소에 나를 알리는 퍼스널 브랜딩을 꾸준히 실행해야 한다. 이러한 퍼스널 브랜딩을 할 수 있는 강력한 도구가 바로 콘텐츠다.

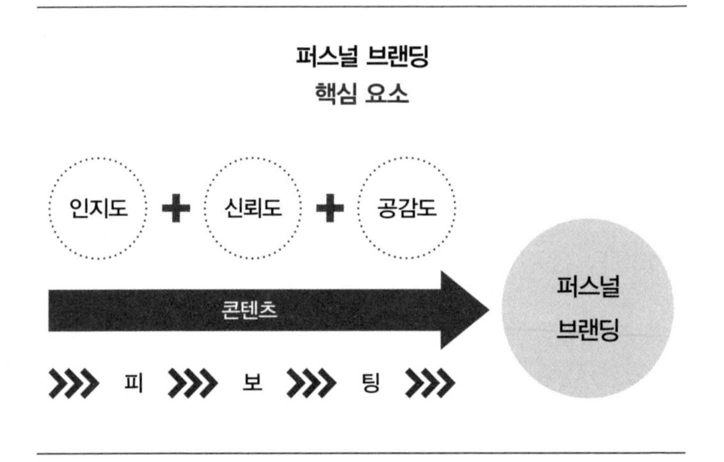

온택트 시대
무기가 되는
퍼스널 브랜딩

"컴퓨터와 스마트폰으로 우린 전 세계 어디든 접속하고, 전 세계 누구와든 연결된다. 언컨택트의 시대는 오히려 물리적 제약에서 벗어나 더 많은 사람들과, 더 많은 기회와 컨택트하게 만든다."

트렌드 분석가 김용섭 소장은 『언컨택트』에서 코로나19 팬데믹 이후의 시대를 이렇게 규정했다.

코로나19 이후 우리에게 많은 제약이 있었지만, 발상의 전환을 하면 이전보다 물리적 제약에서 벗어나 더 많은 기회를 만들어낼 수 있다. 사람들을 '일일이 만나기 어렵다'에서 '온라인으로 얼마든지 만날 수 있다'로 말이다. 언컨택트 시대를 넘어서 온택트 시대에 나를 알리는 방법은 바로 온라인에 콘텐츠를 차곡차곡 쌓아서 나를 홍보하는 것이다.

'나'라는 퍼스널 브랜드 알리기, 어디서부터 어떻게 시작해야 할까? 이 장에서는 콘텐츠를 도구로 퍼스널 브랜딩을 구축하는 구체적인 방법을 알아보자.

첫 번째, '나다움'으로 브랜딩

한국 최초의 비주얼 머천다이징 박사 이랑주는 『오래가는 것들의 비밀』에서 오래가는 것들의 조건을 '자기만의 가치'라고 기술했다.

> "나는 어떻게 하면 '살아 있는 것'이 될 수 있을까? 오래간다는 것은 자신만의 본질을 갖고, 지속적으로 호흡한다는 것이다. 오래 사랑받는 것들은 '자기만의 가치를 보여주는 데 능한 것이라고 더 정확하게 정의되어야 한다."

자기만의 가치, 나다움은 어디서 나오는 걸까? 나다움이라는 단어가 나오면 많은 사람들이 어렵게 생각한다. 나다움을 나만의 캐릭터, 개성이라고 정의하면 어떨까?

영화 〈미나리〉로 아카데미 여우조연상을 수상한 윤여정 배우는 한 인터뷰에서 이렇게 말했다.

"롤모델이 왜 필요한가? 나는 '나같이' 살면 된다. 나이가 들수록 삶의 지혜가 생기고 실수가 잦아들긴 하지만 여전히 처음 살아보는 오늘이니 완벽하지 않아도 된다. 그럴 수 있다."

윤여정 배우가 말하는 '나같이'는 바로 '나다움'을 뜻하는 것이다. 타고난 개성을 가진 사람도 있지만 대부분은 개성이 없어서 고민이라고 한다. 하지만 너무 걱정하지 말자. 독특한 개성을 타고난 사람은 많지 않다. 지금부터 나다움을 설계해나가면 된다. 나다움은 캐릭터와 스토리로 구성된다. 우선 내 캐릭터를 어떻게 설정해야 할까? 기존에 없던 신박한 캐릭터로 설정하면 될까?

결론부터 말하면 현실과 너무 동떨어진 캐릭터여서는 안 된다. 괴리감이 크면 호불호가 갈리기 쉽기 때문이다. 무난한 것에서 살짝 다른 정도여야 신선함과 공감을 줄 수 있다.

나다움 = 캐릭터 + 스토리

내 캐릭터를 찾기 위해 나의 과거, 현재, 미래에 대해 시놉시스를 써보자. 예전에는 무엇을 좋아했고 지금은 무엇을 좋아하는지, 앞으로 어떻게 살고 싶은지 취향을 기술해보자. 예전에는 어떤 일을 했고 지금은 어떤 일을 하고 있는지, 앞으로 어떤 일을 하고 싶은지, 그것을 위해 지금 노력하고 있는 것은 무엇인지 적어보자.

그중 나를 설명해주는 내용을 찾아 한 문장으로 요약해본다. 그 한 문장을 다듬으면 '나'라는 브랜드의 슬로건이 될 수 있을 것이다. 이때도 혼자 결정할 것이 아니라 나를 설명해줄 하나의 문장을 3~4개 정도 추려서 주위 사람들에게 물어보자. 밋밋한 문장보다는 다소 파격(임팩트impact)적인 것이 좋다. 사람들이 호기심을 보이는 지점, 내 스토리는 거기서부터 출발한다.

나를 설명하는 하나의 문장 = 나라는 브랜드의 슬로건

코어 콘텐츠는 어떻게 찾을 수 있을까?

내가 주력해서 생산하고 업로드하는 콘텐츠 분야를 코어 콘텐츠라고 한다. 코어 콘텐츠 역시 너무 어려워할 필요 없다. 코어 콘텐츠를 가지고 있는 사람들도 그것을 찾기까지 결코 짧지 않은 시간이 걸렸다고 말한다. 코어 콘텐츠를 찾은 사람일지라도 끊임없이 변화시켜 나간다.

코어 콘텐츠는 엄밀히 말해서 찾는 것이 아니라 하나를 정하는 것이다. 한 가지 주제를 정해서 최소한 30개 정도 콘텐츠를 꾸준히 쌓는 것이 중요하다. 그러다 보면 생산 가능한 콘텐츠가 보이고 그중에 반응이 좋은 콘텐츠도 나온다. 그걸 발전시키는 것이 망망대해에서 코어 콘텐츠가 나타나길 기다리는 것보다 훨씬 효과적이다.

콘텐츠 주제를 정하는 방법은 사람들이 나에게 자주 묻는 것(교환 가능한 가치)과 내가 잘할 수 있는 것(내 강점, 능력)의 교집합을 찾는 것이다. 자기계발 분야의 세계적인 코치이자 가장 영향력 있는 메신저 중 한 명으로 꼽히는 브랜든 버처드는 『백만장자 메신저』에서 코어 콘텐츠에 대해 이렇게 말했다. "사람들이 당신에게 도움을 청하는 그것이 당신의 콘텐츠가 될 수 있다."

남들에게는 어렵지만 나에게는 비교적 수월했던 일이 무엇인가? 남들이 일부러 나에게 찾아와 물어본 것은 무엇인가? 거기에 당신의 코어 콘텐츠에 대한 힌트가 들어 있다.

나의 코어 콘텐츠는 'N잡을 하면서도 일상에서 일정 퀄리티 이상의 콘텐츠를 효율적으로 생산, 운영하는 콘텐츠 노하우'였다. 사람들은 육아, 살림, 본업도 하면서 틈틈이 콘텐츠를 생산하고 운영할 수 있는지 방법을 나에게 물었다. 사람들의 질문에서 코어 콘텐츠의 힌트를 얻었을 수 있었다.

콘텐츠 기획 시 '콘텐츠 노트'를 통해 구조화했기 때문에 적은 노력으로 많은 콘텐츠를 생산할 수 있었다. 멀티유즈 전략을 통해 다양한 플랫폼으로 빠르게 확산할 수도 있었다. 사람들은 구체적인 노하우를 물었고, 그 물음에 꾸준히 답하다 보니 '콘텐츠 코치'로 연결되었다.

나에게는 코어 콘텐츠가 없다고 한탄하면서 그 자리에 머물러 있지 않은지 돌아보자. 내가 머뭇거리는 동안 누군가는 자신이 좋아하는 일부터 하나씩 시작했을 것이다. 배움과 노력으로 자신의 빈틈을 메우면서 작은 성취를 이루어냈을 것이다.

나의 코어 콘텐츠를 찾고 싶다면 기억하자. 세상이 나에게 원하는 것을 파악하고 내가 줄 수 있는 것에서 공통점을 찾아보자.

할 수 있는 작은 도전을 지금 시작하자. 작은 성공의 경험이 모이면 낙숫물이 바위를 뚫듯 어느 순간 나라는 브랜드도 사람들의 뇌리에 각인되고 알아서 찾아오는 브랜드가 될 것이다. 오프라인에 비해 상대적으로 제약이 덜한 온라인에서 좀 더 쉽게 도전할 수 있다.

두 번째, 콘텐츠로 브랜딩

두 명의 콘텐츠 생산자가 있다. A는 매일 자신이 도전한 일들에 대한 인증을 일정한 시각에 온라인에 남기고 공유한다. 반면 B는 그런 기록을 전혀 남기지 않는다.

두 사람이 같은 날 자신이 특정 영역의 전문가라고 선언한다고 가정해보자. 사람들은 누구를 신뢰하고 전문성을 인정해줄까? 답은 자명하다.

아무런 기록이나 공유를 하지 않고 특정 영역에서 자신이 전문가라고 표명한다면 세상 사람들을 설득할 수 없다. 그것을 증명할 콘텐츠가 온라인에 기록되어 있어야 한다. 그것을 타깃층이 읽기까지는 어느 정도 물리적인 시간이 필요하다. 그렇기 때문에 내가 어떤 노력들을 해왔는지를 온라인상에 차곡차곡 남겨두어야 한다. 하루 이틀 하는 것으로는 안 된다. 3개월, 6개월, 1년, 그 이상의 시간이 필요한 일이다.

나의 전문성을 알리는 것도 한 번으로 끝내서는 성과를 거둘 수 없다. 사람들은 생각보다 타인에게 관심이 없다. 자주 반복해서 알려야 한다. 홈쇼핑을 떠올려보자. 홈쇼핑 쇼호스트는 제품과 서비스에 대한 효용을 방송 내내 주기적으로 반복한다. 그 이유는 시청자의 인식 속에 제품에 대한 정보를 각인시키기 위해서다.

반복하고 또 반복하자. 어떤 분야에서 전문가라고 하면 당신이 맨 처음 떠오를 정도로 말이다. 꼭 전문가가 아니어도 된다. 온라인상에서 콘텐츠를 꾸준히 올리는 이른바 '덕후'가 인정받는 세상이다.

온라인에 콘텐츠 꾸준히 쌓기 = 경력 → 포트폴리오

콘텐츠 축적의 힘은 앞으로 더욱 커질 것이다. 코로나19 이전만 하더라도 온라인에 콘텐츠를 쌓는 사람의 수가 지금보다

적었다. 지금 주위를 둘러보라. 누구나 온라인에 콘텐츠를 올리는 시대이다. 생산자가 많지 않을 때는 생산한 것 자체로 주목받을 수 있었다. 그러나 생산자가 많아진 지금은 그중에서 더 고유하고(original) 더 전문적인(professional) 콘텐츠만이 살아남는다.

수많은 콘텐츠 생산자들 중에 사람들은 과연 누구를 전문가라고 인식할까? 어느 날 갑자기 나타나서 전문가라고 주장하는 사람보다 그러한 전문가가 되기 위한 과정을 콘텐츠로 만들어 온라인에 꾸준히 쌓아온 사람을 인정할 것이다.

내 노력을 온라인에 꾸준히 기록해서 다른 사람들에게 각인시키고 선택의 순간에 나를 떠올리게 하는 것이 바로 '콘텐츠 브랜딩'이다.

누가 볼까 싶지만 지켜보는 사람들이 있게 마련이고 그중에는 당신을 기억하는 사람이 분명히 있을 것이다. 코어 콘텐츠를 찾고 나면, 지금보다 시간이 많으면, 지금보다 글을 잘 쓰게 되면, 사진을 잘 찍게 되면, 이러한 생각을 하기 전에 바로 지금부터 콘텐츠 생산을 해보자.

부단히 기록하고 쌓다 보면 당신의 콘텐츠가 당신이 원하는 기회와 만나 스파크를 일으키는 순간이 반드시 올 것이다!

세 번째, 키워드로 브랜딩

나의 캐릭터와 스토리로 나다움과 코어 콘텐츠를 찾아가고 일정 기간 동안 일정한 양의 콘텐츠를 축적한 다음에 해야 할 일은 주력 분야에서 핵심 키워드로 검색될 수 있도록 만드는 것이다.

나의 주력 분야에서 검색되고 싶은 키워드와 관련된 콘텐츠를 주기적으로 올린다. 그리고 생각날 때마다 주요 온라인 플랫폼에서 검색해본다. '나'라는 브랜드(닉네임, 브랜드명, 슬로건, 키워드 등)가 어디에서나 잘 검색되고 있는 상태라면 나라는 1인 기업의 퍼스널 브랜딩이 잘되고 있다고 판단할 수 있다.

나를 설명해주는 말, 단어와 문장을 지속적으로 노출하라! 그러지 않으면 사람들은 알지 못한다. 한두 번 노출하는 것에 그치지 말고 지속적으로 노출해야 한다.

어디에 노출하면 좋을까? 나를 설명할 한 줄을 나만 보이는 곳에 두지 말고 사람들의 눈에 잘 띄는 곳에 지속적으로 노출해야 한다. 블로그 소개, 인스타그램 프로필, 인스타그램 해시태그, 브런치 작가 소개, 유튜브 채널명과 채널 소개, 틱톡 프로필 등 노출될 확률이 높은 곳 어디라도 좋다.

<

3

기억되는 브랜드를 위한 90 : 10 법칙

감성 콘텐츠를 가지고 '퍼스널 브랜딩'을 하는 방법을 구체적으로 알아보자.

코로나19 이후 점점 더 많은 것들이 빠르게 온라인으로 전환되고 있다. 점점 더 많은 사람들이 온라인에 콘텐츠를 올리고 비슷비슷한 캐릭터들이 더욱 늘어나는 상황에서 나만의 브랜드를 창출하기 위해 중요한 것은 무엇일까? 컴퓨터 화면 너머에서 활동하는 1인 기업가, 퍼스널 브랜드를 눈앞에 있는 것처럼 생생하게 보여주는 것이다.

남들보다 '더 좋다', '더 잘한다'는 것만으로는 각인시키기 어렵다. 남들과 다른 차이점을 부각할 때 기억될 수 있다. 그렇다면 어떤 차이점을 부각해야 할까? 바로 콘텐츠에 나만의 '감성'을 담는 것이다. 콘텐츠의 90%는 정석대로 쌓아가면서, 10%는 감성을 도구로 다른 퍼스널 브랜드와 차별화하는 방법을 소개한다.

콘텐츠를 정석대로 쌓는 법

첫 번째 정석, 콘텐츠에 선한 의도 담기

연일 수많은 콘텐츠가 쏟아지는 시대. 콘텐츠 소비자들도 그만큼 콘텐츠를 보는 안목이 높아지고 콘텐츠에 할애하는 시간도 늘어나고 있기에 콘텐츠 자체뿐 아니라 이면의 '의도' 또한 중요하다.

평소 어떤 의도를 가지고 콘텐츠를 생산해왔는지 돌아볼 필요가 있다. 과시하려는 욕구가 있었는지, 누군가를 무시하거나 깎아내리려는 의도는 없었는지, 내 콘텐츠로 인해 피해를 보는 사람들은 없을지 점검해야 한다.

좋지 않은 의도를 가지고 만든 콘텐츠는 소비자들이 먼저 알아본다. 그런 콘텐츠로 오래 사랑받기는 어렵다. 조금 서툴더라도 좋은 의도가 담겨 있는 콘텐츠가 오래도록 많은 사람에게 사랑받는다.

두 번째 정석, 콘텐츠 기버 되기

정보든 재미든 의미든 콘텐츠로 무엇인가를 주려는 사람,

'콘텐츠 기버(contents giver)'가 되는 것이다. 콘텐츠 시대는 크게 콘텐츠 생산자와 소비자로 나뉜다. 내가 생산자, 즉 콘텐츠 기버가 되어야 한다.

콘텐츠로 다른 사람의 시간과 노력을 줄여주는 것은 콘텐츠 생산자의 기본적인 마인드이다. 사람들은 이러한 콘텐츠 생산자에게 고마움을 느끼며 합당한 비용을 지불한다.

"정보를 얼마나 담아야 할까요?"

"어디까지 무료로 하고, 어디부터 유료로 할지 모르겠어요."

정보성 콘텐츠 생산자들이 많이 하는 질문 중 하나다. 주고 또 주자. 조금 주고 마는 것이 아니라 이렇게 줘도 될까 싶을 만큼 주자. 도움을 받은 사람들은 '마음의 빚'을 기억하고 반드시 찾아온다. 비용을 지불할 의사를 가지고서 말이다.

무료 콘텐츠는 '이게 무료야?'라는 생각이 들 만큼 퀄리티를 갖춰야 한다. 사람들은 '무료가 이 정도 퀄리티라면 유료는 어떻겠어?'라고 생각한다. 무료라고 해서 무료처럼 만든다면 브랜딩에 아무런 도움이 되지 않는다.

단, 무료 콘텐츠와 유료 콘텐츠를 구분하는 전략이 필요하다. 기본 내용은 무료로 하되 심화 내용은 유료화하는 방법, 기한 한정을 두어 특정 시기까지는 무료로 공개하되 이후는 유료로 전환하는 등 다양한 방법이 있다. 내 주력 분야의 트렌드, 플레이어들의 현황 등을 참고해서 원칙을 만들고 꾸준히 업데이트를 해나가는 것이 중요하다.

세 번째 정석, 콘텐츠 큐레이터 되기

이 정도로 줘도 될까 싶을 만큼 주어야 한다는 것이 아무 정보나 주라는 의미가 아니다. 내가 콘텐츠 큐레이터가 되어 필터로 거른 유용한 정보를 추천해야 한다.

온라인 최대 큐레이션 영상 플랫폼을 만든 스티븐 로젠바움은 『큐레이션』에서 이렇게 정의한다.

> "큐레이션은 일상을 압도하는 콘텐츠 과잉과 우리 사이에 인간이라는 필터 하나를 더 두어서 가치를 더하려는 노력이다. 이 명료함은 우리가 신뢰하는 사람의 도움을 받아 이르게 되는 상태다."

큐레이션된 콘텐츠를 본 사람들이 가치 있다고 생각하고 신뢰를 느끼면 내 계정으로 찾아올 것이다. 그렇게 큐레이션된 콘텐츠는 자신의 시간과 노력, 나아가 비용을 줄여주기 때문이다. 내가 필터가 되어 거른 콘텐츠를 사용한 사람들은 '감사하는 마음=마음의 빚'을 가지게 된다.

콘텐츠에 선한 의도 담기, 콘텐츠 기버, 콘텐츠 큐레이터 되기, 3가지의 공통점은 바로 '콘텐츠의 정석'이라는 것이다. 지금까지 3가지 정석을 생각하지 않고 콘텐츠를 생산해왔다면 지금부터는 콘텐츠 정석을 기억하고 생산에 적용해보자. 콘텐츠의 기본기가 단단해지고 퀄리티가 높아질 것이다.

10% 한 끗 차이로 차별화하는 법

나다움을 구축할 때 정석대로 콘텐츠를 쌓는 법에 대해 알았다면, 이제 콘텐츠에 감성을 담아 나라는 퍼스널 브랜드를 차별화하는 방법에 대해 알아보자. 한 끗 차이를 찾아 나를 '대체 불가한 존재'로 만들어가는 것이다. 비슷비슷해 보이는 퍼스널 브랜드 중에서 이것 하나만큼은 내가 다른 사람과 다르다고 자신할 수 있는 것이 있으면 된다.

한 끗 차이로 사랑받는 퍼스널 브랜드의 예를 들어보자.

사례 1 여성의 감성을 아는 남편의 요리, 옥주부

인스타그램에서 약 46만 팔로워를 보유한 정종철은 개그맨 '옥동자'에서 현재는 '옥주부'로 불리며 인플루언서로 활동하고 있다. 인스타그램에 직접 만든 요리 콘텐츠를 꾸준히 올려 팔로워들의 공감과 관심을 얻고 있다. 옥주부의 콘텐츠가 많은 사람들로부터 '좋아요'와 공감을 받는 이유, 그리고 차별점은 무엇일까?

요리 콘텐츠를 올리는 남성 인스타그래머는 많다. 그러나 옥주부만의 한 끗 차이는 바로 '아내의 감성을 이해하는 남편의 요리'라고 생각한다. 그의 인스타그램 계정은 주부층의 호응이 높다. 요리 콘텐츠를 정석대로 차곡차곡 쌓고, '아내와 감성을 나누는 남편 이미지'로 차별화한 것이다. 퍼스널 브랜드로서 옥주부는 다양한 제품과 다양한 콜라보를 진행하고 『옥주부 레시피』라는 책을 출간하는 등 활발한 활동을 이어가고 있다.

사례 2 부자 되는 과정을 온에어 하는 신사임당

과거에는 부를 획득한 사람이 어떻게 부자가 되었는지 그 방법을 알 길이 없었다. 요즘은 부자가 된 과정과 노하우를 온라인에 기록하고 소통하는 사람들이 늘고 있다. 그중에 한 명이 유튜버 신사임당이다. 그는 방송국 PD로 근무할 때 180여 만 원의 월급을 받았다고 공개한다. 그리고 어떤 방법을 통해 돈을 벌어서 부자의 길로 들어섰는지 자세하고 생생하게 알려준다. 본인의 사례뿐 아니라 부자의 반열에 오른 다양한 사람들을 인터뷰해서 풍부한 콘텐츠를 생산해낸다. 그의 차별점은 부자가 되고 나서 공략집을 공개하는 것이 아니라 부자가 되어가는 과정을 온에어(실시간)하고 있다는 점이다. '아임낫 스페셜(I'm not special)'이라는 슬로건을 내걸며 솔직 담백하게. 그것이 그만의 한 끗 차이 아닐까?

사례 3 뉴욕 살며 홈트하는 멋진 40대 언니, 빅시스

뉴욕의 한 고층 건물, 밝은 햇살이 쏟아져 들어오는 공간에서 홈트하는 영상을 올리는 유튜버. 뉴욕에 살면서 홈트하는 40대의 유튜버 빅시스(bigsis)다.

그녀는 라이브 등에서 종종 자신의 나이를 밝힌다. 사람들은 그 나이로 안 보인다고 한다. 그녀는 당당히 말한다. 나는 내 나이로 보이는 것이 좋다고, 내 나이를 사랑한다고. 그런 그녀의 모습에 사람들이 끌리는 것이다.

그녀의 유튜브 채널은 어느덧 약 38만명이 넘는 구독자를 보유하고 있다. 그녀의 나이와 당당함이 만나 한 끗 차이를 만드는 무기가 된 사례이다.

사례 4 좋아하는 일로 행복하게 밀레니얼 프리 워커, 드로우앤드류

좋아하는 일로 경제적 시간적 자유를 얻는 것은 많은 이들의 목표일 것이다. 하지만 쉬운 일이 아니다. 어느 정도 나이가 들어야 가능한 일이라고 생각하는 사람들이 많다. 그런데 인생의 황금기, 30대에도 그것이 가능하다는 것을 보여준 밀레니얼이 있다. 바로 30만 구독자를 보유한 유튜버이자 인플루언서

드로우앤드류다.

30대에 내 일을 시작하고 경제적 자유를 얻기까지, 그만의 감성을 콘텐츠에 담아 보여준다. 당장 돈이 되지 않더라도 '내 일'이기에 묵묵히 견디며 쌓아온 그의 스토리는 밀레니얼 세대에게 큰 호응을 얻고 있다. 거기에 성실함과 겸손함, 세련된 디자인을 더해 대체 불가한 퍼스널 브랜드가 되었다. 이것이 드로우앤드류만의 한 끗 차이 아닐까?

남들이 만들어놓은, 얼핏 보기에 꽃길을 그대로 따라가지 않는 것. 남들이 걸어갔던 안정된 길이 아니라 자신만의 길을 만들어나간다면 당신은 지금 온리원이 되어가는 여정에 있는 것이다. 느려 보여도 빠른 지름길을 가고 있는 중이다.

4

내 콘텐츠 '많관부' 받고 싶다면

퍼스널 브랜드가 되려면 일단 알려져야 한다. 내 콘텐츠가 보다 많은 사람들에게 관심받고 널리 알려지려면 어떻게 해야 할까?

"힘들여 쓴 포스팅 조회 수가 낮으면 의지가 꺾여요."

"정성 들인 만큼 구독자 수가 늘지 않는 것 같아요."

"조회 수가 나오지 않아 접어야겠어요."

콘텐츠 강의와 코칭을 하다 보면 많이 듣는 말이다. 어떻게 하면 내 콘텐츠가 더 많은 사람들에게 가 닿을 수 있을까? 마케팅 용어로 어떻게 하면 더 많이 소비될 수 있을까?

'많관부'라는 신조어가 있다. '많은 관심 부탁드립니다'의 준말이다. 이런 신조어가 만들어졌다는 것은 내가 만든 콘텐츠에 대한 관심을 받고 싶어 하는 사람들이 많다는 뜻이다. 내 콘텐츠가 많은 사람들에게 관심받으려면 어떻게 해야 할까?

첫 번째, 씨앗을 많이 뿌릴 것

씨앗을 많이 뿌려야 더 많은 싹을 틔울 수 있다. 즉, 기본적인 생산량이 필요하다. 약 110만 구독자를 보유한 자기계발 분야의 작가이자 유튜버 김도윤은 『럭키』에서 "유튜브 운영에서 어려운 점은 꾸준한 영상 생산량이다"고 말한다. 110만명 이상의 구독자를 보유한 채널로 현재까지 약 1,300여 개의 영상을 생산해왔음에도 여전히 일정 생산량을 유지하기가 어렵다는 것이다.

부단히 씨앗을 뿌린 후에 필요한 것은 널리 알려야 한다. 콘텐츠를 생산한 플랫폼 안에만 머물지 말고 플랫폼을 넘나들어라. 예를 들어 블로그 포스팅을 했다면 그 사실을 다양한 플랫폼에 알려 포스팅을 소비하도록 유도하자. 유튜브 영상을 올렸다면 관련된 커뮤니티나 단톡방에 링크를 공유하자. 우리가 정성을 다해 만든 콘텐츠를 많은 사람들이 볼 수 있도록 다양한 플랫폼에 올려서 알려야 한다.

두 번째, 내가 먼저 관심을 보일 것

어느 날 좋은 일이 생긴 A는 이를 세상에 알리고 싶어 콘텐츠로 만들어 업로드했다. 그런데 A의 기대보다 사람들의 반응이 잠잠했다. 콘텐츠를 생산해온 사람이라면 한 번쯤 경험했을 것이다. 공유하자마자 큰 반응이 있을 줄 예상했는데 그렇지 않은 경우 실망감이 크게 다가온다.

반면 B는 작은 성과를 공유했을 뿐인데 많은 사람들로부터 축하를 받았다. 심지어 B의 콘텐츠는 주의 깊게 읽지 않으면 지나칠 수 있는 한 줄 설명에 불과했다. 이 둘의 차이는 어디서 비롯되는 것일까? 한마디로 사람들의 반응의 합은 그동안 내가 그들에게 보였던 관심의 결과치라고 할 수 있다.

내가 무언가를 알리고 응원과 격려 등 소통을 하고 싶다면 내가 먼저 '좋아요'를 보내자. 꼭 '좋아요'를 담보받기 위해서가 아니다. 필요 이상으로 남의 눈치를 보라는 이야기도 아니다. 일종의 '좋아요' 저금이라고 생각하면 어떨까?

제품 판매와 마케팅도 마찬가지다. 상품과 서비스를 판매하고 싶다면, 나와 소통해온 사람들 중에 판매자가 없는지 둘러보자. 있다면 그들의 상품을 먼저 구매해 보자. 80~90% 정도 만족하면 된다. 그들도 그렇게 내 상품과 서비스에 구매 버튼을 눌렀을지 모른다. 늘 자신의 이야기를 쏟아내기 바쁘고, 자기 이야기만 들어주길 바라는 사람 주위에는 사람들이 모여들지 않는다.

사례 : 정성 담긴 장문의 댓글로 '찐팬' 구축한 H

두 아이를 육아하며 1인 기업으로 플라워 관련 일을 하는 워킹맘 H를 소개하고자 한다. 스마트하고 성실한 데다 자기 분야에 전문성이 있고 신뢰감을 주는 그녀. 인스타그램을 주력 플랫폼으로 활동하는데, 타인의 계정에서 종종 그녀가 남긴 댓글이 눈에 띄곤 했다. 놀라운 것은 누구에게나 정성스러운 댓글을 남긴다는 점이었다.

예상한 대로 H의 계정은 빠른 속도로 성장했고, 이후에도 그녀의 정성스러운 댓글은 계속되었다. 그 진심이 통한 듯 그녀의 계정을 찾는 사람들의 관심과 반응도 멈추지 않았다. 결코 쉬운 일이 아니며 좋은 결과가 확실히 보장된 일도 아니기에 더욱 대단하게 느껴진다. 내가 진심 어린 관심을 보여서 '맞관부'를 받은 사례다.

내 이야기도 중요하지만 타인의 이야기에 귀 기울여주고, 타인의 시간을 중요하게 생각하고, 타인의 기쁨과 슬픔에 공감할 줄 아는 사람의 주변은 늘 사람들로 북적인다. 콘텐츠 세상도 예외는 아니다.

세 번째, 씨앗이 싹트기를 기다릴 것

콘텐츠를 생산하고 얼마 지나지 않아 조바심을 내며 구독자의 반응을 반복해서 확인하지 않은가. 콘텐츠가 업로드되고 세상에 퍼져나가기까지, 콘텐츠라는 씨앗이 뿌리를 내리고 싹을 틔우기까지 시간이 필요하다는 사실을 망각할 때가 많다. 내 콘텐츠가 사람들에게 닿으려면 물리적인 시간이 필요하므로 콘텐츠를 올린 다음에는 잊어버리는 '쿨한' 자세도 필요하다.

내 콘텐츠에 대한 관심을 높이는 손쉬운 팁 하나는 온라인 플랫폼에 콘텐츠를 올렸을 때 바로 앱을 종료하지 않는 것이다. 새 글 홈으로 가서 내 이웃들의 최신 피드에 '좋아요'와 '공감'을 보내자. 내가 남긴 '좋아요'를 본다면 그 사람도 분명 내 콘텐츠에 '좋아요'를 누를 것이다.

똑똑한 SNS 사용법에 관한 글을 본 적이 있다. 하루에 일정 시간을 정해놓고 로그인을 하고 할 일을 마친 뒤 앱을 종료하라는 내용이었다. 이 방법에 동의하지 않는 것은 아니다. 나도 디지털 디톡스 데이를 갖는 등 효율적으로 활용하기 위해 노력한다.

하지만 한 발짝 더 들어가 보자. 내가 올린 콘텐츠에 반응하는 사람들의 시간을 어떻게 생각해야 할까? 그들은 시간을 내기 쉬웠을까? 콘텐츠 코치로서 다양한 사례를 직간접적으로 경험해 본 결과 그렇지 않을 확률이 높다.

내 콘텐츠에 반응해준 사람의 시간도 똑같이 소중하다. 내가 관심받기를 원한다면 상대방의 시간도 소중함을 알고 내 시간을 기꺼이 할애할 수 있어야 한다. 이것이 콘텐츠 세계에서 갖춰야 하는 예의이자 역지사지 마인드다.

내 콘텐츠가 많은 사람들의 관심을 받고 잘 소비되기를 원한다면 무엇보다 중요한 것은 '내 콘텐츠의 힘을 믿는 것'이다. '나다움'을 담은 콘텐츠를 꾸준히 쌓아간다면, 내 콘텐츠 업로드 소식에 묻지도 따지지도 않고 달려오는 구독자가 1명, 100명, 1,000명…… 점차 늘어날 것이다.

5

루틴 인증
콘텐츠도
브랜딩이 된다

자신만의 루틴 계획을 세우고 실천하는 사람들이 코로나19 이전보다 훨씬 더 늘어났다. SNS상에서 기상 인증, 걷기 인증, 식단 인증, 학습 인증 등 크고 작은 다양한 인증들을 어렵지 않게 볼 수 있다.

한 통계 자료를 보면 2021년 '루틴'이라는 키워드를 언급한 데이터가 2020년 대비 70% 이상, 2019년 대비 2배 이상 증가했다고 한다. 왜 사람들은 이런 루틴을 수행하고 SNS에 자발적으로 인증을 올리는 것일까? 왜 우리는 타인의 인증에 관심을 보이는 것일까?

『트렌드코리아 2022』에서 루틴 인증에 대해 이렇게 설명한다.

"외부의 통제가 현저히 줄어든 상황에서 자기만의 일상을 지키려고 노력하는 사람들을 '바른생활 루틴이'라고 부른다. 루틴이에게 가장 중요한 가치는 평범한 인생이지만 최선을 다하겠다는 '자기 다짐적 삶의 태도'이다."

코로나19로 혼자 있는 시간이 늘어나면서 내 삶을 스스로 설계해야 하는 상황을 맞이하게 되었다. 새벽 기상 인증, 운동 인증, 공부 인증 등 사람들은 루틴과 인증으로 자신의 삶을 설계하고 이를 증명해가기 시작했다.

사람들은 다른 사람들은 어떻게 지내는지, 어떤 루틴을 하고 있는지 궁금해한다. 그 사람이 언제 일어나는지, 하루에 몇 보를 걷는지, 어떤 운동을 하고, 무엇을 먹는지. 주어진 자유 시간 안에서 자신의 의지대로 일과를 수행해나가는 것이 더 이상 나 혼자만의 고민이 아니라 공동의 고민이 되었다고 해도 과언이 아니다. 그 과정을 온라인에 공개하고 소통하는 것이 바로 인증 콘텐츠다. 인증은 삶의 방향성을 스스로 통제하고 만들어나가겠다는 의식적인 노력이다.

누가 지켜보든 그렇지 않든 묵묵하게 자신과의 약속을 실행해나가는 사람을 보면 믿음과 신뢰가 생기기 마련이다. 늘 그 시간에 그렇게 하는 사람은 일을 맡겨도 잘해낼 것 같은 인상을 준다.

퍼스널 브랜딩은 이런 기록을 쌓고, 그로 인해 특정 이미지를 얻는 과정이다. 무엇인가를 이루기 위해 노력하는 중이라면 이제 SNS에 그 루틴을 인증해보자. 꾸준히 나의 길을 가는 모습 자체가 스토리가 된다. 공감을 형성하고 당신이라는 브랜드,

내가 추구하는 가치가 상대방에게 전이되면 공감을 얻고 당신의 팬이 생길 확률이 높아진다.

사례 1 사이드 잡 위해 1일 1캘리 올린 워킹맘 A

외국계 회사에 근무하는 워킹맘 A는 사이드잡(Side job)을 만들고 싶었다. 회사 분위기는 안정적이었지만 자신이 좋아하는 일로 수익을 추구하고 싶었던 것이다. 퇴근 후 시간을 쪼개 캘리그래피 클래스를 들으면서 하나씩 시도해보는 내용을 콘텐츠로 만들어 올렸다. 온라인에 하나둘 관련 콘텐츠가 쌓이자 사람들이 반응을 보이기 시작했다.

프로페셔널을 추구했던 그녀는 결코 서두르지 않았다. 과정 자체를 즐기며 그 과정을 온라인에 차곡차곡 기록했다. 관련 콘텐츠가 어느 정도 쌓이자 온라인 스토어를 개설하고 관련 상품을 론칭했다. 블로그에 자신이 검색되고자 하는 키워드로 콘텐츠를 꾸준히 쌓았더니 자신만의 대표 상품을 가지게 되었고, 관련 인증 콘텐츠를 올리자 자신의 분야에서 검색되면서 꾸준히 수문량이 늘어나 사이드잡으로 발전한 사례다.

이처럼 온라인상에서 타인과 무엇인가를 거래하고 싶다면 'N일 차' 등으로 노력 인증 콘텐츠를 올려보자. 과정 자체가 훌륭한 감성 콘텐츠가 될 것이다.

기억할 점은 처음부터 완벽하려고 애쓰지 않아도 된다는 것이다. 오히려 너무 완벽한 모습보다 서툰 모습이 공감을 얻는 데 더 효과적이다. 사람들은 어쩌면 당신이 잘하는(good at) 모습보다 자라는(grow) 모습을 보고 싶어 할지 모른다.

온라인에 인증 콘텐츠를 꾸준히 올린다면 내적으로는 동기부여를, 외적으로는 퍼스널 브랜딩을 구축하는 효과를 낼 수 있다. 루틴을 실행하고 인증 콘텐츠를 올림으로써 나는 한 번의 일상을 2배로 꽉 채우는 삶을 만들어왔다.

지금까지 인증 콘텐츠를 올릴 때 뚜렷한 목적이나 동기 없이 또는 남들이 하니까 해왔다면 이제는 목적(why)을 생각해 보자. 인증하는 이유가 훨씬 더 분명해질 것이다. 인증 콘텐츠는 사람들의 인식 속에 나를 각인시키는 데 효과적이다. 그들은 나를 응원하면서 진정한 팬도, 친구도 될 수 있다. 인증 콘텐츠가 퍼스널 브랜딩에 기여하는 이유다.

6

게임의 룰 바꾸는 퍼스널 브랜딩 법칙

정해진 룰대로만 해서는 이미 앞서 나간 사람을 이길 수 없다. 남들보다 조금 늦게 시작해도 성공할 수 있는 퍼스널 브랜딩 법칙은 무엇일까? 퍼스널 브랜딩에 성공하고 싶다면 놓치지 말아야 할 법칙을 구체적으로 살펴보자.

첫 번째, 콘텐츠 루틴 정하고 지키기

SNS 플랫폼에 늘 일정한 주기로 콘텐츠를 올리는 사람과 별다른 패턴 없이 즉흥적으로 게시물을 올리는 사람이 있다. 사람들은 둘 중 누구를 더 신뢰할까? 전자일 확률이 높다.

무엇이든 약속을 정하고 그것을 지키는 것이, 아무런 약속도 없이 하고 싶을 때 하는 것보다 어려운 일이기 때문이다. 이것은 콘텐츠 생산에도 적용된다.

사람들은 온라인상에 규칙적으로 등장할 것을 약속하고 실제 이행하는 사람을 신뢰한다. 그런 사람에게 기꺼이 비용을 지불할 준비가 되어 있다. 나는 온라인 플랫폼에 콘텐츠를 업로드하는 루틴을 정하고 그대로 실행했다. 매일 올리려고 노력하는 과정에서 콘텐츠 소재의 한계도 느꼈는데 이를 극복하기 위해 콘텐츠 소재 루틴을 만들어 참고한다.

예를 들어 월요일 나른한 오후에는 커피 피드를, 홍보 피드

콘텐츠 소재 루틴 예시

요일	콘텐츠 루틴
월	오후–일상 소재(커피, 맛집 등)
화	오전–홍보 마케팅 시작
수	오후–홍보 마케팅 지속
목	오후–일상 소재(커피, 맛집 등)
금	오후–주말 계획 소재
토	(콘텐츠 디톡스 데이)
일	오후–차주 계획 소재

는 화요일 오전 시간대, 금요일 오후에는 주말 관련 피드, 일요일 오후는 다음 주 준비 피드 등 루틴을 정하고 가능한 지키기 위해 노력했다. 결과적으로 루틴을 만들지 않았을 때보다 반응이 좋았다.

내가 원할 때 나타나는 것이 아니라 일정 시간대를 정해놓고 규칙적으로 나타나는 것, 나아가 나를 지켜보는 구독자들이 활발하게 활동하는 시간대를 공략하는 습관을 들여보자. 감수성이 풍부한 사람들에게도 규칙적인 루틴이 필요하다. 이런 사람이 일에 관한 약속까지 반드시 지킨다면 더욱 매력적으로 보인다. 이 부분은 기업과 협업하는 경우에도 중요하다. 주어진 일을 약속대로 잘 수행해나가다 보면 어느새 인플루언서가 되어 있을 것이다. 인플루언서를 넘어서서 기억되는 퍼스널 브랜드가 되는 지름길이다.

두 번째, 협업 가능한 상태 만들기

다양한 영역에서 재능을 가진 인플루언서라고 해도 모든 영역을 잘할 수는 없다. 점점 더 다양하고 복잡한 영역이 생겨나는 시대, 모든 것을 잘할 수 있다는 말은 오히려 모든 것을 잘할 수 없다는 말로 들리기도 한다.

모든 영역에서 출중한 사람보다는 특정 영역에서 뛰어난 사람들이 더 특별해 보인다. 실제로 특정 영역에서 두각을 나타내는 마이크로 인플루언서가 협업에도 능하고 초대받는 곳도 더 많다. 내가 못해서가 아니다. 내가 할 수 있더라도 서로의 빈틈을 메워주고 서로를 빛나게 해주는 협업이 더 가치를 발하는 시대다.

예를 들어 내가 가진 팔로워가 1,000명이라고 했을 때 혼자서 하면 1,000명에게 노출되지만, 1,000명의 팔로워를 가진 파트너와 협업하면 동시에 2,000명, 또는 그 이상에게 노출될 수 있다. 온라인 비즈니스에서 협업이 필요한 이유다. 협업 과정을 지켜보는 사람들에게 전문성과 신뢰감을 심어줄 수 있다.

협업할 때 간과해서는 안 될 점이 하나 있다. 실력이 담보되어야 한다는 점이다. 사회성이 좋고 네트워킹도 활발하지만 막상 상대방과 협업할 '능력'이 물음표라면 곤란하다. 협업 가능한 능력을 갖추는 것은 기본이다. 거기에 협업 마인드까지 갖춘다면 금상첨화다.

세 번째, 지속적 성장을 디폴트로 하기

김미경의 유튜브 대학 MKYU 주최 인플루언서 행사에 초대받았을 때의 일이다. 김미경 대표의 '인플루언서'에 대한 강연에서 뇌리에 깊이 남은 말이 있다.

"인플루언서는 현재 알고 있는 것을 알려주는 사람이 아니라 미래에 알려줄 것에 대한 신뢰를 파는 사람입니다. 그래서 인플루언서는 끊임없이 공부해야 합니다. 매일 나를 조금씩 성장시켜 가는 것. 그래야 남에게도 나에게도 좋은 영향력을 줄 수 있습니다."

트렌드 분석가 김용섭 소장은 『프로페셔널 스튜던트』에서 실력자에 대해 이렇게 언급했다.

"결국 실력자는 언오리지널(un-original)이 아니라 오리지널(original)이어야 한다. 자기만의 독자적 콘텐츠, 대체 불가한 것이 있어야지, 그게 없다면 실력자가 아니다."

목표에 도달했다고 해서, 인기를 얻었다고 해서 안주하는 것이 아니라 부단히 공부하는 모습, 성장하기 위해 노력하는 모습, 성장하는 과정 자체를 보여줄 때 사람들은 당신이라는 퍼스널 브랜드를 응원할 것이다. 이것은 변화가 빠른 온라인 비즈니스 세계에서 도태되지 않고 살아남기 위한 필수 전제 조건이기도 하다.

지속적으로 성장하는 상태를 디폴트(default, 결괏값)로 만들어야 살아남을 수 있다. 롱런해온 수많은 퍼스널 브랜드들이 이것을 증명했다. 이 법칙을 기억한다면 당신도 온택트 시대에 게임의 룰을 바꾸는 퍼스널 브랜드가 될 수 있다!

퍼스널 브랜딩의 진짜 효과

지금까지 감성 콘텐츠로 퍼스널 브랜딩을 하는 방법에 대해 알아봤다면 감성 콘텐츠로 퍼스널 브랜딩을 했을 때 얻는 효과에 대해 알아볼 차례다.

첫 번째, 덜 노력하면서 더 얻는 효과

최고가 아니어도 그 사람만의 이야기, 즉 스토리가 있다면 콘텐츠를 덜 생산하고도 더 많은 사람들에게 더 오래 기억될 수 있다. 한마디로 덜 노력하고도 더 많은 기회를 얻는다는 것이다.

'로 인풋 하이 아웃풋(Low input High output)'이라는 표현이 있다. 가능한 적게 투입해서 최대한 좋은 결과물을 낸다는 뜻이다. 어떤 면에서는 '가성비'와 통하는 개념이다.

콘텐츠에 나의 감성을 담으면 사람들에게 오래 기억되고 나라는 퍼스널 브랜드를 만드는 데도 도움이 된다. 결과적으로 덜 노력하면서 더 많이 얻는 선순환 시스템을 구축하는 것. 한 번의 웰메이드 콘텐츠를 생산하고 끝내는 것이 아니라 매일 꾸준히 콘텐츠를 생산하기 위해 꼭 필요한 일이다.

두 번째, 찐수익 창출 효과

감성 콘텐츠를 통해 관계를 맺고 팬이 생기면 내가 하는 일을 좋은 시선으로 봐주고, 나와 함께하길 원하며, 내가 하는 일에 시간과 돈을 지불하고자 하는 사람들이 점점 더 늘어난다. 이들은 조금 비싸더라도 자신이 좋아하는 사람이나 브랜드의 제품을 구매하고 싶어 한다. 스스로 입소문을 내주며 작은 실수는 너그럽게 넘어가는 경향을 보이기도 한다. 결과적으로 홍보 마케팅 비용이 줄어드는 효과가 있다. 비용으로 나가는 수익이 아닌 진짜 수익이 발생하는 것이다.

세 번째, 나 자신이 온리원 되는 효과

감성 콘텐츠로 나만의 스토리를 전달하면 더 잘하는 사람, 더 인기 많은 사람, 더 많이 버는 사람보다 '온리원'으로 각인된다. 누군가를 좋아하는 것, 누군가와 공감을 나누는 것은 경쟁이나 우위가 없기 때문이다. 결과적으로 내가 브랜드가 되는 효과를 준다.

퍼스널 브랜딩을 고민할 때 누구나 직면하는 문제가 있다. 스스로 누구인지 묻는 것이다. 나는 누구였고 누구인지, 누가 되고 싶은지, 어떤 길을 지나왔고 지금 어디에 있으며, 어디로 향해갈 것인지 스스로에게 물어보자.

내가 맡고 있는 다양한 역할들(부캐, 멀티 페르소나) 중 진짜 나는 어떤 것인지 끊임없이 스스로에게 묻고 그중에서 정수만을 추려서 전달하는 것이 바로 퍼스널 브랜딩이다. 그래서 퍼스널 브랜딩을 하다 보면 '성장'할 수 밖에 없다.

콘텐츠에 나만의 감성을 담아 꾸준히 생산하고 구독자와 진정성을 가지고 소통하다 보면 퍼스널 브랜딩은 따라오게 마련이다. 이것이야말로 감성 콘텐츠로 퍼스널 브랜딩 했을 때 얻을 수 있는 진짜 효과 아닐까.

Part 5

롱런

감성으로 롱런 브랜드 되는 법

1

롱런 브랜드 되기 위한 5가지 시스템

바야흐로 콘텐츠 범람의 시대이다. 그중에서 나다움을 유지하며 콘텐츠 생산을 퍼스널 브랜딩으로 이어가는 사람들은 몇 퍼센트나 될까?

콘텐츠로 온라인에 나를 알리고 더 많은 기회를 만나고 '내 일'로 확장하는 콘텐츠 생산자의 삶을 살기로 마음먹었다 하더라도 지속하지 못하고 사라지는 이유는 무엇일까? 바쁘고 정신이 없어서, 종종 찾아오는 번아웃, 어쩔 수 없는 타인과의 비교, 시도 때도 없이 밀려오는 조급함 등 다양한 이유가 있을 것이다.

10년 전 퇴사 후 월급 이상의 수익 창출도 필요했지만 무엇보다 단순한 밥벌이가 아니라 나라는 브랜드를 지속적으로 성장시키고 싶었다. 하지만 매일 콘텐츠를 생산하고 소통해야 하는 일도, 스스로 계획을 수립하고 성과를 측정해야 하는 1인 기업의 일도 의지만으로 운영되지 않았다.

독립적으로 일하는 인디 워커, 1인 기업이 되기로 결정하고 가장 견디기 어려웠던 것은 아이러니하게도 '계획 없음', '관리자 없음'이었다. 몇 년이 지난 후에야 그것이 직장을 다닐 때 그토록 원했던 '자유'라는 것을 알게 되었다. 남들은 그럴듯한 사무실에서 근무할 시간에 트레이닝복을 입고 동네를 걸어 다니는 내 모습을 용납하기 어려웠다.

1인 기업가에게 매일 주어지는 시간이란 채우기 나름인 도화지 같은 것이다. 그런데 그 시간을 유용하게 보내기란 쉽지 않다. 어떤 날은 일이 너무 잘되어서 밤을 새우고, 어떤 날은 이유 없이 일이 손에 잡히지 않아 일찍 접기도 했다. 롱런하기 위해 중요한 것은 이러한 기복을 없애고 꾸준히 평타 이상을 치는 것이다.

이 장에서는 롱런을 위해 필요한 시스템이 무엇인지 정리했다. 롱런 브랜드가 되기 위한 5가지 시스템은 빠르게 변하는 온라인 비즈니스 세계에서 사라지지 않기 위해 고군분투해 온 1인 기업가, 콘텐츠 생산자의 생생한 기록이다.

2

‘있어빌리티’보다 중요한 ‘어빌리티’

소셜미디어 활동을 하는 사람이라면 '있어빌리티'라는 용어를 한 번쯤 들어봤을 것이다. '있어 보인다'와 능력을 뜻하는 '어빌리티(ability)'를 합쳐서 만든 신조어이다. 실상은 별거 없지만 사진이나 영상으로는 뭔가 있어 보이게 자신을 잘 포장하는 능력을 뜻한다.

온라인, 특히 SNS에서 '있어 보이는 능력이 중요하다'는 것이 중론일 때가 있었다. 하지만 SNS가 성숙기에 접어들고 점점 더 다양한 사람들이 진입하게 되면서 이제 단순히 '있어 보이는 것'만으로는 차별화하기 어렵다. 사람들은 있어 보이는 것, 즉 허상보다 실제로 보이는 실체에 다가가기를 원한다.

있어 보이는 것을 넘어 진짜 필요한 것

기억해야 할 것은 영상 콘텐츠와 보이스 콘텐츠, 라이브 방송, 인공지능(AI), 증강현실, 메타버스 등 다양한 기술의 진화로 인해 모니터 속에 현실이 그대로 투영된다는 사실이다. 모니터 속에서 허상과 실체의 차이가 확연히 드러나기에 '~한 척'은 티가 나게 마련이다.

있어 보이는 능력은 여전히 중요하다. '실제로 만나보니 더욱 실력 있더라'는 말 또한 칭찬이 아니다. 내 능력을 잘 드러내는 것도 중요하지만, 문제는 '그럴듯한 것'으로는 롱런하지 못한다는 것이다. 더 이상 '있어빌리티'에 머물러 있어서는 안 된다.

한 번, 두 번은 속일 수 있어도 그다음부터는 안 된다. '있어빌리티'만큼 중요한 것이 '어빌리티'다. 있어 보이는 것을 넘어서서 실제로 갖추고 있는 능력, 즉 실력을 장착해야 한다.

SNS 도입기		SNS 성숙기
그럴듯한		실제 존재하는 것
알고 있는 듯한		실제 아는 것
아는 사람 같은	→	실제 네트워킹
읽은 것 같은		실제 읽은 책
경험한 것 같은		실제 경험한 것

3

미래를 만들어주는 자발적 '딴짓'

'부캐 전성시대'라는 말을 한 번쯤 들어봤을 것이다. 바야흐로 딴짓을 권하는 시대다. 다양한 곳에서 딴짓을 할 수 있는 판을 깔아주기도 한다. 책, 방송, 소셜미디어 등을 보면 자발적으로 딴짓하는 사람들이 세상을 바꾸고 있다.

"본캐 세바시 PD-대학에서 커뮤니케이션학 공부, 8년간 기자 생활을 거쳐 현재 '세상을 바꾸는 시간 15분' 강연을 만들고 있다. 16년 차 착실한 딴짓러. 회사 바깥에서 사진을 찍으며 글을 쓴다. 그러니까 아무튼 콘텐츠를 만드는 사람."

이것은 유튜브 채널 〈세상을 바꾸는 시간 15분, 세바시〉 대표 조재형 PD의 딴짓 목록이다. 그동안 해온 딴짓을 모은 책 『하우 투 딴짓』에서 그는 딴짓을 이렇게 말하고 있다.

"성공하려면, 자기계발을 하려면 일단 지금 끌리는 일을 실행해보고 주기적으로 경험을 정리해 어떤 역량을 쌓았는지, 부족한 점은 무엇인지, 어떤 방향으로 나아가고 싶은지 확인해야 한다."

자발적 딴짓이 필요한 이유

프로 '딴짓러'들은 회사 다니는 사람에게 회사 밖에서 적극적으로 딴짓을 하라고 권한다. 평생직장이 사라진 시대이기 때문이다. 그런데 꼭 직장인에게만 딴짓이 필요한 건 아니다. 혼자 원하는 일을 해나가는 인디펜던트 워커와 자영업자들에게도 딴짓이 필요하다.

그 이유를 2가지 관점에서 알아보자. 먼저 자영업도 한 우물만 파는 시대는 끝났다. 리스크를 대비해 이후에 해야 할 일을 준비하거나 여러 개의 파이프라인을 만들어두려면 내가 지금 하고 있는 일 외에 다른 일을 탐색할 필요가 있다.

그다음으로 지치지 않기 위해서다. 좋아하는 것도 일이 되면 더 이상 좋아할 수만은 없다는 것을 경험해보았을 것이다. 좋아하는 것은 취미로 하라는 말도 그런 의미다. 일을 잘하기 위해서는 일이 아닌 '취미'로서 딴짓이 필요하다.

회사 밖 딴짓으로 본업 만든 마케터 승희 님

자발적 딴짓 하면 떠오르는 사례가 있다. 그녀는 치기공과를 전공하고 관련 업무로 커리어를 시작했다. 우연히 사용해본 앱 서비스가 마음에 들어서 본인의 블로그에 꾸준히 후기를 올렸다. 그러자 비슷한 관심사를 가진 사람들이 블로그에 모여들었고 활발한 소통이 일어나게 되었다.

해당 앱을 운영하는 회사에서 그녀의 블로그를 발견하고 입사 제안을 했다고 한다. 그 앱은 '배달의민족'이고 사례의 주인공은 인스타그램에서 수만 명의 팔로워를 보유한 '영감노트(@ins_note)' 운영자이자 『기록의 쓸모』의 이승희 저자이다.

그녀가 치과 근무 당시 '회사 밖 딴짓'을 하지 않았더라면, 새로운 세상을 만날 수 없었을지 모른다. 새로운 세상과 연결되지 않았다면 다양한 기회의 가능성이 없었을지 모른다. 모두 자발적 딴짓이 만들어낸 결과다.

딴짓 관련 경험담이 나에게도 있다. 워킹맘으로 녹록지 않은 회사 생활을 이어갈 때, 연일 이어지는 보고로 지쳐갈 때 숨통을 트이게 해준 것은 '커피 공부'였다. 지금은 바리스타 과정을 쉽게 수강할 수 있지만 10여 년 전만 해도 흔치 않은 고가의 과정이었다.

열심히 회사 생활을 했지만 늘 회사 밖 세상에 목말랐다. 회사 안에서의 시간을 잘 버티게 해준 것은 아이러니하게도 '회사 밖 딴짓'이었다.

그 딴짓은 어떻게 연결되었을까? 블로그를 개설하고 처음 올린 콘텐츠는 바로 '홈카페' 관련 내용이었다. 사람들은 당시 막 태동하기 시작한 홈카페 트렌드에 관심을 보였고 자발적으로 내 블로그에 모여들었다. 나는 그 기회를 흘려보내지 않고 그렇게 모인 사람들을 사업으로 연결시켰다. 돌아보면 나 역시 회사 밖 딴짓이 지금 하는 일의 시작이 된 것이다.

4

화려한 인맥보다 중요한 '책맥'

인맥의 중요성이 강조되지 않은 적이 있었나 싶을 만큼 네트워킹은 중요하다. 그런데 이 인맥을 한 차원 더 깊게 들여다볼 필요가 있다.

코로나19 이전인 2019년경, 영향력 있는 인플루언서나 유튜버들의 강연에 참석해 강연을 들은 후 기념사진을 찍고 SNS에 공유하는 것이 유행이었다. 많은 사람들이 그것을 '성장'의 과정이라고 생각하는 분위기였다. 내가 주력하고자 하는 분야에서 나보다 앞서 나가는 인플루언서를 직접 만나 멘토로 삼고 배우려는 자세는 필요하다. 하지만 실력을 키우려는 노력은 하지 않고 인맥만 좇는 것은 도움이 되지 않는다.

인맥은 중요한 요소이지만, 내가 지금 그 인맥을 활용할 만큼 실력을 갖추었는지를 생각해보아야 한다. 멘토를 만나더라도 내가 누구이고 그에게 무엇을 줄 수 있는지가 중요하다. 하지만 그것보다 더 중요한 것은 주력 분야에서 실력을 쌓는 것이다. 실력이 쌓이면 나에 대해 길게 설명하지 않아도 자연스럽게 드러난다. 과거에는 나를 알리기까지 시간이 걸렸다면 온라인 시대에는 그 시간이 점점 더 단축되고 있다. 인맥을 만들고 관리하는 일을 별도로 추가하지는 말자. 내가 실력을 갖추면 나와 상호작용하기를 원하는 사람들이 자연스럽게 모여들 것이다.

내 주력 분야에서 실력을 키우는 좋은 방법은 무엇일까? 내가 택한 방법은 '책'이었다. 인맥이 아닌 책맥. 인맥이 정계, 재계, 학계 등에서 형성된 유대관계라면, 나는 책에서 멘토를 찾기 시작했다. 콘텐츠, 마케팅, 브랜딩 3가지를 주력 분야로 정하고 관련 책을 읽어나갔다. 국내 서적부터 해외 서적까지, 고전부터 최근에 출간된 책들까지.

확신만 있었던 것은 아니었다. 책을 깊이 파고드는 것이 탁상공론은 아닐까 하는 생각이 들기도 했다. 그러나 실력을 쌓기 위해서는 책 속 멘토를 찾는 것이 우선이라고 여겼다. 막연한 생각에 확신을 주는 책, 어려운 개념을 구체적으로 풀어내는 책을 만나면 실제 멘토를 만난 것처럼 반가웠다.

자신의 분야에서 전문가가 되기 위해 갈고닦을 시간이 필요하다. 주위를 끄는 것들이 너무 많고 늘 온라인에 연결되어 있는 시대에 쉽지 않은 일이지만 의도적으로 그런 시간을 갖기 위해 노력하고 있다. 그 시간에 무엇보다 책이 좋은 친구가 되어주고 있다.

실용서를 주로 읽었지만 인문학 서적도 꾸준히 찾아 읽었다. 콘텐츠 생산자의 일이라는 것이 대면 아닌 온라인이라는 공간에서 타인과 상호작용하는 시간이 많다 보니 사람에게 상처를 받는 경우가 생기기도 한다. 이때 심리학과 마음공부 관련 인문학 책들이 큰 도움이 되었다.

이처럼 책맥은 실용적인 도움뿐 아니라 정신적 자양분이 되어주기도 한다. 책에 투자한 시간은 고스란히 인풋이 되어 쌓였고, 10여 년 동안 지속해 오는데 큰 힘이 되었다.

5

시간을
벌어주는
역발상 시간 관리법

정해진 일정대로 일하는 것이 아니라 스케줄을 조정하면서 일할 수 있는 것은 1인 기업, 인디펜던트 워커의 장점이다. 하지만 시간 관리를 제대로 하지 못하면 직장을 다닐 때보다 시간을 효율적으로 쓰기가 더 어렵다.

시간 관리에 관한 책이 꾸준히 나오고 가끔 베스트셀러에 오르는 것만 보더라도 사람들이 얼마나 시간 관리에 관심이 많은지를 알 수 있다. 코로나19로 재택근무가 늘면서 개인에게 주어진 자유 시간이 많아진 만큼 시간 관리도 잘해야 한다.

여러 가지 일을 꾸준히 해내야 하는 N잡러, 1인 기업가, 콘텐츠 생산자로서 성과를 내는 데 도움이 되는 시간 관리법 3가지를 공유하고자 한다.

첫 번째, '큰 돌 법칙'

세계적인 동기부여 코치이자 『성공하는 사람들의 7가지 습관』의 저자 스티븐 코비 박사의 '큰 돌 실험' 영상이 있다. 제작된 지 오랜 시간이 지났지만 자기계발 분야에서 시간 관리법을 논할 때 꾸준히 언급되는 영상 중 하나다.

투명한 통에 큰 돌과 작은 돌을 넘치지 않게 넣어야 하는 미션이 있다. 큰 돌과 작은 돌 중 무엇을 먼저 넣어야 할까? 영상을 보면 작은 돌을 넣은 뒤 큰 돌을 넣으려고 하면 다 들어가지 않는다. 큰 돌 주위로 빈틈이 있기 때문이다.

정답은 큰 돌을 먼저 넣고 작은 돌을 넣는 것이다. 큰 돌 사이사이 작은 돌이 들어가 틈을 메워주기에 넘치지 않게 통을 가득 채울 수 있다. 여기서 큰 돌은 중요한 일, 작은 돌은 덜 중요한 일을 의미한다.

큰 돌 실험은 삶에서 중요한 일(큰 돌)을 먼저 하고 나서 덜 중요하지만 해야 할 일(작은 돌)을 해야 한다는 원리를 알려준다. 중요한 것을 우선순위에 두고 시간을 사용하라는 것이다.

콘텐츠 생산도 마찬가지다. 굵직한 것을 실행하고 자잘한 것을 채워 넣어야지, 처음부터 세밀한 작업부터 하면 지칠 수 있다. 예를 들어 책을 읽고 서평 콘텐츠를 블로그에 올리는 것이 주된 일이라면 그것을 먼저 끝내고 다른 자잘한 일들을 처리해야 한다. 인상적인 문장을 카드뉴스로 만들어서 인스타그램에 올린다든지, 정말 마음에 드는 도서를 영상 콘텐츠로 만들어 유튜브에 올리는 것은 추후에 해도 늦지 않다.

서평을 작성해서 올리기 전에 카드뉴스를 제작하고 영상을 만들기 위해 대본을 쓰고 세팅을 하다 보면 정작 중요한 일을 할 시간도 없고 에너지도 분산되어 버린다.

두 번째, '양념통 법칙'

당신이 다음 상황에 놓였다면 어떤 선택을 할 것인가?

당신은 지금 재택근무 중이다. 식사를 만들기 위해 양념통을 열었는데 너무 지저분하다. 마침 양념도 바닥을 보여 새로 채워 넣어야 한다. 양념통을 닦기에 지금이 적기로 보인다. 당신은 어떻게 할 것인가?

1. 그냥 양념만 채운다.
2. 양념을 사용하고 양념통을 닦은 뒤 양념을 채워놓는다.

결론부터 이야기하면 양념통 법칙의 답은 2번이다. 어떤 일을 할 때 눈앞에 보이는 것만 해결하는 것이 1번이라면, 시간이 좀 더 걸리더라도 이참에 처리하는 것이 2번이다.

지저분한 양념통을 닦을 시간을 내기가 쉽지 않다. 이번에 양념만 채운다면 양념통을 닦을 기회가 언제 올지 모른다. 양념통 법칙은 도래할 타이밍까지 고려해서 일정을 짜는 시간 관리 방법이다. 지금 양념통을 닦는 것이 유리하다고 판단되면 당장은 시간이 더 걸리더라도 양념통을 닦는 것이 낫다. 이것이 시간이 더 걸려도 시간을 벌어주는 역발상 시간 관리법의 핵심이다.

이때도 요령이 필요하다. 양념을 요리에 넣고, 요리하는 동안 씻을 양념통을 물에 담가둔다. 식사를 마친 후 설거지할 때 그 양념통도 함께 닦아서 말린다. 식후 커피를 마시는 동안 양념통이 마르면 양념을 채워 넣는다.

사실 '양념통' 자체에만 집중하면 이러한 타임라인이 나오기 어렵다. 전체 맥락을 살피는 것이 중요하다. 요리와 식사 시간, 식후 커피 마시는 시간의 어디에 어떻게 양념통 씻기를 끼워 넣을지 구상하고 처리하면 2개의 일이 1개의 일로 줄어드는 마법을 경험할 수 있다.

양념통을 닦는 것은 당장 시간이 더 걸리는 것처럼 보이지만, 길게 보았을 때 시간을 벌어주는 시간 관리 방법이다. 이 같은 시간 관리법은 두 번 일하지 않게 하는 효과를 가져다준다.

세 번째, '론드리 법칙'

주기적으로 해야 하는 빨래도 시간 관리 측면에서 보면 골든타임이 있다. 할 수 있는 한 빨리 세탁 시작 버튼을 누르는 것이다.

세탁물이 쌓여 있는데 세탁 버튼을 누르지 않으면 나중에 그만큼 시간이 더 걸린다. 반면 세탁 버튼을 눌러 세탁기가 돌아가는 동안 다른 일을 하다가 세탁이 완료되었을 때 빨래를 널면 내 시간을 테트리스처럼 빈틈없이 쓸 수 있다.

여기에서 세탁은 위임을 비유한다. 남에게 맡겨야 할 일은 혼자 가지고 있지 말고 곧바로 위임하라는 것이다. 그렇게 했을 때 시간에 대한 주도권이 나에게 넘어오는 것을 종종 경험했다.

위임하는 것을 깜박 잊었다고 해보자. 그때부터 일이 끝날 때까지 새로운 시간이 소요된다. 이런 루틴이 쌓이면 버리는 시간이 많아져 시간 관리에 실패하는 것이다.

협업이나 위임에서 이 론드리(laundry) 법칙을 잊지 말자. 간단하지만 유용한 이 법칙을 실행한다면 당신은 매일 세탁하는 시간만큼 벌 수 있을 것이다.

위기를 버티게 해주는 롱런 마인드 법칙

어떤 일을 할 의지도 있고 실행력도 좋은데 꾸준히 지속하지 못하는 사람들이 있다. 어떤 일을 꾸준히 하고 싶어도 그만두게 되는 이유는 무엇일까?

의지나 노력이 부족해서가 아니라 어쩌면 롱런하고자 하는 마음을 먹지 않았기 때문인지 모른다. 위기인지 기회인지조차 모호할 정도로 빠르게 변해가는 온라인 비즈니스에서 살아남기 위해 필요한 것은 바로 '롱런하고자 하는 마인드'다.

롱런 마인드를 갖는다는 것은 무엇인지 5가지 법칙을 통해 알아보자.

첫 번째, 늘 배우고 바로 적용하는 자세

약 150만 명의 구독자를 보유한 유튜브 채널 MKYU 김미경 대표의 『김미경의 리부트』에는 자기계발 강사로 활동하던 그녀가 코로나19로 강의가 없어지자 다시 일어서기 위해 회사를 온라인 교육 콘텐츠 사업으로 변화시키는 과정이 나온다. 일자리가 고민되거나 사업을 지속할 수 있을지 불안하다면 '뉴러너'가 되어야 한다고 강조한다. 50대의 김미경 대표는 실제로 컴퓨터 프로그래밍 언어인 파이썬을 배운다고 한다. 변화하는 시대를 따라잡기 위해서이다.

롱런하기 위해 중요한 것은 '배우는 자세'이다. 성장하기 위해 늘 배우려는 자세는 아무리 강조해도 지나침이 없다. 잘 배운다는 것은 무엇일까? 특히 코로나19 이후 언택트가 일반화된 시대에 배움의 의미는 무엇일까?

'돌줌'이라는 용어를 들어본 적이 있는가? '줌(Zoom) 강의 수강을 마치고 돌아서면 또 다른 줌 강의가 기다리고 있다'는 뜻이다. 코로나19로 대면 교육은 어려워졌지만 사람들은 다양한 방법으로 무엇인가를 끊임없이 배우고 있다. 강의 플랫폼이 늘어나면서 이제 온라인 클래스를 언제 어디서나 접할 수 있는 시대다.

코로나19는 교육의 형태도 바꾸어놓았다. 온라인 클래스가 우리 삶에 급속도로 파고든 것이다. 비대면 교육이 일반화된 상황에서 온라인 클래스보다 오프라인 클래스가 더 효과적이라는 생각은 시대의 흐름을 읽지 못한 것이다. 이러한 생각이 당신의 경쟁력을 떨어뜨려 업그레이드할 기회를 놓칠 수 있다.

온라인 세상으로 들어온 다양한 교육 커리큘럼을 적극 활용하여 자신을 업그레이드하는 신인류가 생기기 시작했다. 이들 중 새로운 기회를 잡는 사람들이 많다. 배우고자 하는 의지는 있는데 그동안 물리적 시간적 제약이 많았던 사람들에게 온라인 클래스는 새로운 기회로 넘어가는 관문이다.

그러나 중요한 것은 '강의 쇼핑'에 그쳐서는 안 된다는 점이다. 다양한 강의를 듣는 것도 좋지만 배운 내용을 내 것으로 만들어 적용해야 의미가 있다. 그것이 배움에 필요한 자세이다. 이를 위한 방법으로 '멈강'을 추천한다. '멈강'은 내가 만든 용어로 '강의를 멈춤'이라는 뜻이다. 때로는 수강을 멈추고 적용에 몰입할 필요가 있다.

배움에 있어서 놓쳐서는 안 될 한 가지가 있다. 바로 배운 것을 적용하는 태도다. 배운 것을 활용하려면 제대로 벤치마킹해야 한다. 점점 더 많은 사람들이 온라인에 기록을 남기고, 타인의 기록을 들여다본다. 내가 일일이 경험하지 않아도 앞서간 사람들을 얼마든지 벤치마킹할 수 있다는 뜻이다. 무작정 따라한다고 해서 벤치마킹이 아니다. 벤치마킹을 할 때도 주의할 점이 있다.

벤치마킹을 하려면 적어도 원본의 특징이 무엇인지, 논리가 무엇인지 세밀히 분석하고 내 것에 적용해야 한다. 적용할 때는 나만의 색깔을 담는다. 내가 만들어내는 아웃풋은 기존의 원본이 떠오르지 않는 다른 형태여야 한다. 어떠한 것을 벤치마킹했더라도 내 것 자체가 또 다른 원본이 되는 것이다. 그래야 자신 있게 홍보·마케팅 할 수 있고 사람들에게 인정받을 수 있다.

어딘가에서 본 것을 조금 고쳐서 내 것이라고 한들 사람들은 인정하지 않는다. 어디선가 본 듯한 것에 동참하겠다고 손을 드는 사람들은 많지 않을 것이다.

세계적으로 유명한 자기계발 코치이자 베스트셀러 작가인 브랜든 버처드는 『백만장자 메신저』에서 다음과 같은 창조적 차별화의 방법을 소개했다.

> "흉내 내지 말고 훔쳐서 완전히 나의 것으로 만들어라. 모방꾼들은 소리 소문 없이 사라지니, 낡은 재료를 재사용하려고 하지 말고 새로운 콘텐츠를 창조하라. 그러면 명성과 매출이 올라갈 것이다."

출간된 지 10년이 넘었지만 이 말은 벤치마킹 방법을 논할 때 여전히 유효한 메시지다.

두 번째, 나다움 표출을 위한 편안함

내가 만드는 콘텐츠는 결국 내 이야기다. 우리는 어떨 때 이야기가 술술 나올까? 같은 내용이라도 재미있게 이야기했던 경험을 떠올려보자. 어떨 때 글이 잘 써지고 발행 버튼이 쉽게 눌러졌는가?

거창한 이야기가 아니라 내 마음이 편안한 상태일 때가 아니었을까? 온라인상에 내 이야기를 풀어놓는다는 것은 쉬운 일이 아니다. 펼치고 싶은 이야기가 있어도 술술 나오지 않을 때가 많다. 그럴 때는 어제 있었던 일을 친한 친구에게 이야기한다는 생각으로 글을 써보자. 막혔던 말문이 풀리는 경험을 하게 될 것이다.

콘텐츠는 수학 공식처럼 답이 정해진 것이 아니다. 그러므로 콘텐츠를 생산할 때는 편안한 마음을 가지는 것이 핵심이다. 내 마음이 편안할 때 비로소 내 이야기를 술술 풀어낼 수 있다. 하나의 콘텐츠를 발행할 때도 이러한데, 매일 콘텐츠를 쌓으면서 롱런하기 위해서는 마음을 편안하게 내려놓는 습관이 필요하다.

세 번째, 긴 여정을 위한 평정심

콘텐츠는 한번 넘어야 할 산이나 이겨야 하는 경기, 또는 하루아침의 이벤트나 시험 같은 것이 아니다. 나무에 1년마다 생기는 나이테처럼 꾸준히 차곡차곡 쌓아야 한다.

어떤 날은 콘텐츠를 통해 좋은 사람을 만나고 좋은 기회를 잡을 때도 있다. 좀 더 정확히 말하면 '그럴 것 같은 때'가 있다. 그 사람을 통해 바로 성과가 나는 어떤 일로 연결될 것 같기도 하고, 어떤 기회가 바로 성사될 것 같은 기분이 들 때도 있다.

하지만 그것은 그럴 것 같은 상태에 불과하다. 우리가 원하는 대로만 진행되지 않는다는 의미다. 어떤 사람은 분명 귀인인 것 같았는데 알맹이만 쏙쏙 빼가고 나에게 돌아오는 것은 없다. 심지어 본인이 그런 줄조차 인지하지 못한다. 시간이 흐르고 보니 지나쳐 가는 인연에 불과했다. 반면 그저 스쳐 갈 것이라고 생각했던 사람이 오히려 큰 선물을 안겨주며 오래도록 귀한 인연으로 남는다.

콘텐츠도 마찬가지다. 심혈을 기울였기에 좋은 결과를 가져다줄 것이라고 생각했는데 정작 결과물은 미미할 때가 많았다. 반면 힘 빼고 툭툭 던지듯 공유한 것들은 기대보다 더 큰 성과를 가져다주었다.

예상과 다를 때마다 상심하면 힘만 빠지는 것이 아니라 의지도 떨어진다. 그렇기에 필요한 것이 '평정심'이다. 모든 콘텐츠의 결과마다 일희일비하지 않는 것이 중요하다. 타버릴 정도로 뜨거운 열정만 가진 사람 곁에 있기는 어려울 것이다. 반면 너무 차갑다면 냉소적인 태도가 콘텐츠에 고스란히 반영되어 매력이 반감된다. 매사에 시큰둥하고 냉소적인 사람과 무언가를 도모하고 싶은 사람은 없을 것이다.

2021년 여름 TV 프로그램 〈놀면 뭐하니〉에서 MSG워너비라는 그룹을 결성해 음원 출시 직후 주요 음원 사이트에서 1위를 차지했다. 원조 격인 SG워너비도 회자되면서 〈유퀴즈 온 더 블럭〉에 출연했을 때 MC가 이런 질문을 했다. "물 들어온 김에 노 저으셔야죠?" 그러자 멤버 이석훈은 이렇게 답했다. "저는 노를 젓지 않으려구요." 이유를 묻자 이렇게 대답했다. "꼭 물 들어온 김에 노를 세차게 저어야 하나요? 가는 길에 물도 보고 바람도 느끼고 싶어요. 또 저희가 무슨 조건을 걸고 무엇이 되길 바라고 노래하는 것은 아니라서요."

평정심이란 이런 것일 수 있겠다는 생각이 들었다. 그들은 물 들어올 때 노를 젓고 또 젓는, 잠깐 인기를 끄는 반짝 가수가 되고 싶지 않았던 것이다. 세대를 초월해 오래 사랑받는 뮤지션으로 남고자 하는 그들의 마음이 느껴졌다.

돌이켜보니 콘텐츠 생산자로서 롱런하기 위해 필요한 것은 팔팔 끓는 100도의 물도, 차가운 0도의 물도 아니었다. 60~70도의 따뜻한 평정심을 유지하는 것이 중요하다.

찻잎의 성분이 서서히 완전히 우러나 천천히 음미하며 마시기 딱 좋은 정도의 온도. 이것이 콘텐츠를 만들어내기 딱 좋은 온도다.

네 번째, 열정보다 중요한 끈기

콘텐츠 생산자 10년 차, 열정만큼 중요한 것이 있음을 깨닫게 되었는데, 그것은 바로 '끈기'다.

콘텐츠는 매일 꾸준히 생산해야 한다. 2021년 네이버 블로그에서 발표한 캠페인은 '라이프 로그. 블로그(Life log. Blog)'였다. 부제는 '기록이 쌓이면 내가 된다-당신의 삶을 블로그에 기록해보세요!'였다.

캠페인 이름에는 방향성이 담겨 있게 마련인데 매일의 삶을 콘텐츠로 만드는 사람, 즉 매일 꾸준히 콘텐츠를 생산하는 블로거들을 모아가겠다는 의지가 엿보였다.

하루에도 수많은 콘텐츠가 쏟아져 나오는 시대에 콘텐츠를 가급적 자주, 규칙적으로 업로드할수록 영향력이 쌓인다. '블로그 1일 1포스팅, 인스타그램 1일 3피드, 유튜브 일주일 3영상'이라는 공식을 한 번쯤 들어봤을 것이다. 그렇게 꾸준히 올리지 않으면 수많은 채널과 유튜버 사이에서 잊혀지기 쉽다.

꾸준히 콘텐츠를 생산해오던 콘텐츠 생산자가 어느 날부터 더 이상 업로드를 하지 않고 사라진 경우를 보았을 것이다. 콘텐츠를 매개로 일상 이야기도 나누고 친근하게 느꼈는데 어느 날부터 더 이상 새 글이나 영상이 올라오지 않는 것이다.

그렇게 되지 않으려면 평소 끈기를 습관화해야 한다. 단기간에 힘을 다 써버리면 오래 나아가기 힘들다. 하루 이틀에 끝낼 수 있는 숙제가 아니라는 마음가짐이 필요하다. 롱런하기 위해서는 분량을 조금씩 남겨두는 것도 좋다. 오늘 3~4개 생산할 수 있어도 1~2개만 생산하고 나머지는 내일로 미루는 요령도 필요하다. 매일 조금씩 힘을 비축해두는 것이다.

'워라블'이라는 용어가 있다. '일과 삶을 융합하다(Work-Life Blending)'의 줄임말로 '워라밸(Work-Life Balance)'에서 파생된 신조어이다. '워라밸'이 일과 삶의 명확한 분리를 추구한다면 '워라블'은 일과 삶의 적절한 조화를 추구하는 라이프스타일이다. 콘텐츠 생산자로 10여 년간 일해보니 일과 일상이 명확하게 구별되지 않는다. 일상이 일이 되고 일이 일상이 되는 경우가 많다. 일에만 매몰되다 보면 번아웃이 오기 쉽다. 콘텐츠 생산자의 삶에서 '워라블'의 의미를 이해하고 실행할 수 있다면 끈기 있게 지속해나갈 수 있다.

하루에도 수많은 콘텐츠가 생겨나는 곳. 그래서 하루만 나타나지 않아도 잊혀지기 쉬운 곳. 그렇기 때문에 온라인 세상에서 활동하는 콘텐츠 생산자, 1인 기업가에게는 '끈기'가 열정보다 더 중요하다. 콘텐츠 생산자로 필드에서 롱런하기를 원한다면 한 방의 홈런보다 꾸준한 안타를 목표로 해야 한다. 우리는 이 점을 놓치지 않아야 한다.

"SNS를 하다 보면 권태기가 올 때가 있어요."

"한번 멈추면 다시 루틴으로 돌아가기 어려워요."

"콘텐츠 올리는 것 좀 쉬어도 될까요?"

콘텐츠 생산자라면 한 번쯤 생각해봤을 것이다. 어느 날 불현듯 권태기와 공허함이 찾아온다면 일단 쉬어보자. 이보 전진을 위한 일보 후퇴다. 콘텐츠 업로드 루틴을 만들고 콘텐츠 업로드를 쉬는 날, 즉 '콘텐츠 디톡스 데이'를 가져보는 것은 어떨까?

오늘 열정이 불타오른다고 해서 그 열정을 모두 써버리지 말자. 오늘 하루 반짝 찬란한 것보다 오래오래 그 열정을 이어가는 것이 중요하다.

스스로에게 물어봐야 한다. 순식간에 유명해지고 싶은가? 그렇다면 오래가기 어려울 수 있다. 일순간 뜨겁게 타오르면 금세 꺼지기 마련이다. 반면 서서히 달아올라 은은하게 빛나는 것들은 오래갈 확률이 높다. 그 과정을 즐길 줄 알기 때문이다.

서서히 달아오르는 것이 지루해 보이고 눈에 띄는 발전이 느껴지지 않는다고 해서 가치가 낮은 것은 아니다. 변화무쌍한 콘텐츠 세계에서는 순식간에 높은 곳에 올라갔다가 곧바로 내려오는 것보다 도달한 지점에서 보다 오래 머무는 것이 중요하다는 것을 콘텐츠 생산자 10년 차에 비로소 알게 되었다.

나무를 돌보는 나무 의사 우종영의 『나는 나무에게 인생을 배웠다』에 오천 년을 사는 소나무 이야기가 나온다. 소나무는 다른 나무와 달리 키를 키우는 속성수가 없다고 한다. 그래서 천천히 자라지만 오래 살 수 있다는 것이다. 자신만의 속도로.

지금 서 있는 곳까지 오기 위해 노력한 자신을 칭찬해주자. 또 언젠가 그 자리에서 내려올 때도 있음을 인정하자. 내려왔을 때 비로소 여유로움을 느낄 수 있을 것이다. 그때 그 감정을 담아 콘텐츠를 만들자. 그 이야기에 공감하는 사람들이 분명히 있을 것이다.

그럼에도 권태기가 찾아올 때는 내가 이 일을 왜 하는지 목적(why)을 생각해본다. 나는 알고 있는 것들을 다른 사람과 공유하는 것에서 기쁨과 보람을 느끼는 성향이 강했다. 그렇기에 온라인에 콘텐츠를 올리는 것이 내 성향에 맞는 일이었다.

콘텐츠 생산에 지치거나 매너리즘이 찾아올 때면 항상 생각한다. 콘텐츠 기버가 되어 타인도 돕고 나도 성장하는 것, 타인의 시간과 노력을 줄여주어 좀 더 나은 삶이 되도록 돕는 것에 내 사명이 있다고.

다섯 번째, 나를 지키는 은둔과 충전

서울대 정신의학과 윤대현 교수는 『일단 내 마음부터 안아 주세요』에서 '소진 증후군(번아웃, Burnout Syndrom)'에 대해 이렇게 기술하고 있다.

> "근사함이 사라진 마음은 충전될 수 없고 계속 방전만 되기에, 뇌의 에너지가 다 타버린다. 뇌를 끊임없이 작동시키다 보니 뇌에 피로 현상이 찾아오는데 이를 소진 증후군이라고 한다. 소진된 마음은 근사한 사람에게서 근사한 마음을 빼앗아간다."

뇌의 에너지가 다 타버려서 근사함이 사라질 때까지 소진해서는 안 된다. 그런 상태에서 만든 콘텐츠도 근사할 수 없기 때문이다. 번아웃으로부터 나를 지키는 것이 중요하다.

번아웃, 매너리즘이라는 단어를 심심치 않게 들을 수 있는 시대다. 이런 때일수록 일하는 것만큼 잘 쉬는 것이 중요하다.

콘텐츠 생산자에게도 반드시 필요한 것이 있다. 세상과 연결을 끊고 충전하는 시간이다. 충전이라는 말은 '은둔'이라는 말로 대체할 수 있을 것 같다. 마음치유 상담가이자 작가 신기율은 『은둔의 즐거움』에서 '은둔'의 의미를 이렇게 정의했다.

"그 뒤로 나는 생각도 마음도 무리하게 욕심내지 않고 멈추는 삶을 살기 위해 애쓰게 되었다. 나도 모르는 실수를 하는 날이면 더 이상 나를 다그치지 않고 내가 너무 쉬지 않고 달려왔구나, 나를 위로하며 잠시 사라지는 삭의 시간을 갖게 되었다. 나는 그 소중한 시간을 '은둔'이라는 이름으로 부르게 되었다."

온라인 세계의 또 다른 가상공간 메타버스가 현실화되고 있는 요즘, 우리는 잘 연결되어 있다는 말의 의미를 좀 더 촘촘히 살펴볼 필요가 있다. 잘 연결되어 있다는 말은 24시간 365일 내내 연결되어 있다는 뜻일까?

잘 연결되기 위해서는 잘 은둔하는 시간이 필요하다. 나를 필요로 하는 사람이 원할 때 연결되는 것과 의무적으로 늘 연결되어 있는 것은 다르다. 나를 필요로 할 때 연결되어 있는 것이 효율적이다. 언제 나를 찾을지 몰라서 밤새 깨어 있는 상태라면 과연 오래갈 수 있을까? 그것은 소진에 가까운 상태일 것이다. 그런 상태로 연결만 되어 있는 것은 아무런 의미가 없다.

은둔을 통해 에너지를 채운 다음 다시 연결될 때 비로소 제대로 된 소통을 할 수 있다. 내가 내줄 에너지가 없을 때 연결되어 있다면 오히려 안 좋은 이미지를 심어줄 수 있다.

연결되어 있는 시간만큼 연결되지 않는 시간, 즉 혼자만의 시간을 가지자. 핸드폰 배터리를 충전할 시간이 필요하듯 콘텐츠 생산자로 롱런하려면 내 에너지를 채우는 제대로 된 은둔과 충전의 시간이 꼭 필요하다.

롱런하고자 하는 마음이 있어야 롱런한다. 그러한 마음이 없다면 롱런의 여정을 시작할 수 없다. 콘텐츠 생산자, 1인 기업가, 퍼스널 브랜드에게 있어 오래도록 일한다는 것의 의미는 무엇일까? 철학과 김형석 교수의 100년의 깨달음을 담은 책 『김형석의 인생문답』 속 문장을 인용하고 싶다.

> "그럼 이제 누가 성공했는가? 누가 행복했는가? 그런 생각을 하는데, 일의 목적을 소유에 둔 사람은 모든 걸 잃어버리지만, 다른 사람과 더불어 함께 얻은 것에 둔 사람은 영원한 기쁨을 느끼게 됩니다. 인생은 더 많이 줄 수 있는 사람이 행복합니다. 더 많은 사람에게 주는 것까지가 내가 내 인생을 완성하는 길이에요."

석학의 가르침에서 콘텐츠 생산자인 우리가 무엇을 목표로 두고 롱런을 향해 나아가야 할지 방향성을 깨닫게 된다.

저 멀리에서 빛나는 손에 잡히지 않는 별이 되기보다 오래도록 사라지지 않고 롱런하는 것을 목표로 잡아보자. 그러면 조급함은 사라지고 내 일을 오래 즐겁게 할 수 있는 뚝심이 생길 것이다. 롱런 마인드. 롱런하기 위해 반드시 탑재해야 할 중요한 무기다.

7

롱런하는
브랜드는
감성으로 연결된다

지금까지 롱런하는 퍼스널 브랜드가 되기 위한 5가지 시스템, 시간을 벌어주는 역발상 시간 관리법 3가지, 힘들 때 버티게 해주는 5가지 롱런 마인드 법칙에 대해 살펴보았다.

롱런하는 퍼스널 브랜드의 공통점이 느껴지는가? 그것은 바로 '감성의 힘'을 가졌다는 점이다. 버티기만 하자는 기계적인 마음가짐만으로는 역설적이게도 오래 버티기 어렵다. 때때로 만나는 비바람에 꺾일 수도 있고, 중간중간 길을 잃고 멈출 수도 있음을 인정해야 한다.

온라인 비즈니스 세계에서는 버티는 것이 무엇보다 중요하다. 하나의 웰메이드(well-made) 콘텐츠를 올려놓고 기다리는 것이 아니라 매일 새로운 콘텐츠를 생산하고 소통하는 것은 쉽지 않은 과정이다. 오프라인 삶 하나를 제대로 사는 것도 녹록지 않은데 온라인에 콘텐츠로도 기록해야 한다. 더구나 그 기록이란 복붙(복사해서 붙여넣기)이 아니라 다시 가공해야 하는 것이다.

하지만 너무 어렵게 생각하지 말자. 꾸준히 콘텐츠를 생산한다는 것은 타인에게 나를 알리는 과정인 동시에 진정한 나를 찾아가는 여정이다. 나를 찾는 것, 나의 콘텐츠를 찾는 것, 나다움이 무엇인지 늘 질문하는 것, 이것은 삶의 의미를 찾는 데 꼭 필요한 과정이기도 하다.

롱런에 꼭 필요한 감성의 힘

삶의 여정에서 만난 보석 같은 영감과 인연들을 소중하게 생각하고 놓치지 않으려는 자세가 중요하다. 롱런을 가능하게 해주는 것이 '함께'라는 감성의 힘이다. 지켜보는 선한 감시자의 존재, 함께 성장하는 시스템, 멤버들의 긍정 에너지, 주고받는 응원의 힘은 생각보다 크다.

태그니티(tagnity)라는 말이 있다. 해시태그의 태그(tag)와 공동체를 의미하는 커뮤니티(community)의 합성어로 내가 속한 커뮤니티 사람들과 교류하기 위해 태그를 만들고 소통하는 것을 뜻한다.

생각해보라. 당신이 멈추지 않도록 도와준 것에 감성의 힘이 있지 않았는지를. 있는 곳은 달라도 온라인 세상으로 매일 출근하는 동료와도 같은 1인 기업가들, 콘텐츠 생산자들과 주고받은 교감, 진심이 담긴 응원의 한마디가 롱런의 원동력이 될 수 있다.

이 책을 통해 감성의 힘을 이해했다면 당신도 퍼스널 브랜드 대열에 들어섰다는 의미다. 축하한다. 이제 당신도 좋아하는 일을 하며 행복하게 살 수 있는 롱런 퍼스널 브랜드의 삶이 시작되었다.

감성 콘텐츠의 힘을 알면 삶의 퀀텀 점프가 시작된다

"평범한 내 이야기를 누가 귀담아 들어줄까?"

"내 감성도 돈이 될 수 있을까?"

"나도 브랜드가 될 수 있을까?"

처음 콘텐츠를 올리기 시작하는 사람들이 주로 하는 질문입니다. 초심자일 때 저도 같은 고민을 했습니다. 콘텐츠로 수익을 창출하고, 더 나아가 퍼스널 브랜드가 되기 위해서는 남들과 다른 무기가 있어야 한다고 생각했습니다.

시간과 장소에 구애받지 않고 콘텐츠를 통해 수익을 창출해 온 10여 년을 돌아보니 그 모든 것의 출발은 나의 감성을 콘텐츠에 담는 것이었습니다. 진심을 담고, 거기에 꾸준함까지 더하니 지극히 개인적인 콘텐츠가 힘을 발휘하기 시작했습니다.

오늘도 저는 감성을 담은 콘텐츠를 차곡차곡 쌓고 있습니다. 내일도 모레도 저는 꾸준히 콘텐츠를 쌓을 것입니다. 지루해 보이는 이 과정을 앞으로도 지속할 것입니다. 좋아하는 일에 도전하고 성과를 내며 자기 분야에서 롱런하는 퍼스널 브랜드가 되는 방법을 알게 되었기 때문입니다. 그렇게 해서 확보한 시간을 세상을 살아가는 데 꼭 필요한 공부를 하고 소중한 사람들과 보내는 삶의 방식 또한 알게 되었습니다.

"본인에게 재능이 있다고 믿는 근거 없는 자신감으로 자신을 무장하세요."

봉준호 감독이 평소 자신을 귀감으로 삼은 창작자들에게 남긴 조언입니다. 자신을 믿고 창작에 몰두하라는 의미일 것입니다. 자신의 재능을 믿는 자신감은 콘텐츠 세계에서도 필요합니다. 콘텐츠를 생산할 때는 다른 사람의 근사한 이야기가 아닌, 작더라도 나만의 이야기가 있음을 믿고 깊이 파고 드는 것이 중요합니다.

가장 강력한 것은 나다운 것임을 믿으면서 내 고유한 감성을 콘텐츠에 담는 것부터 시작하세요. 감성을 담은 콘텐츠로 여러분 앞에 펼쳐질 인생의 퀀텀 점프를 꼭 경험해보시기 바랍니다.

이제 당신 차례입니다. 당신이 가장 잘할 수 있는 이야기부터 시작하세요. 당신의 이야기에 귀 기울여줄 단 한 사람이라도 있다면 그것으로 충분합니다. 회사도, 자영업도, 그 무엇도 나를 지켜주지 못하는 각자도생의 시대에 콘텐츠를 쌓아 나를 알리는 일을 지금 시작해야 합니다.

이 책을 통해 더 많은 사람들이 '콘생'(콘텐츠 생산자)이 되기를 기대합니다. 더 많은 사람들이 감성 콘텐츠로 무한한 기회를 만나길 바랍니다. 걱정은 내려놓고 나다움, 감성이라는 무기를 장착하고 앞으로 나아갑시다.

수많은 변수와 위기가 찾아오더라도 나와 내 가족을 지키면서 살아가기 위해, 자신의 분야에서 롱런하기 위해 오늘도 고군분투하는 분들에게 이 책이 실질적인 도움과 응원이 되기를 진심으로 바랍니다.

- 김난도, 전미영, 최지혜, 이향은, 이준영 외 6명, 『트렌드코리아 2022』, 미래의창, 2021.
- 김도윤, 『럭키』, 북로망스, 2021.
- 김미경, 『김미경의 리부트』, 웅진지식하우스, 2020.
- 김상균, 『메타버스』, 플랜비디자인, 2020.
- 김용섭, 『언컨택트』, 퍼블리온, 2020.
- 김용섭, 『프로페셔널 스튜던트』, 퍼블리온, 2021.
- 김윤정, 『작은 가게에서 진심을 배우다』, 다산북스, 2020.
- 김지혜, 『선량한 차별주의자』, 창비, 2019.
- 김형석, 『김형석의 인생문답』, 미류책방, 2021.
- 박막례, 김유라, 『박막례, 이대로 죽을 순 없다』, 위즈덤하우스, 2019.
- 박웅현, 『여덟 단어』, 북하우스, 2013.
- 박웅현, 『책은 도끼다』, 북하우스, 2011.
- 브랜든 버처드, 위선주 옮김, 『백만장자 메신저』, 리더스북, 2018.
- 빌 비숍, 안진환 옮김, 『핑크펭귄』, 박재현 감수, 강규형 기획, 스노우폭스북스, 2021.
- 송길영, 『그냥 하지 말라』, 북스톤, 2021.

- 스티븐 로젠바움, 이시은 옮김, 임헌수 감수, 『큐레이션』, 이코노믹북스, 2019.
- 신기율, 『은둔의 즐거움』, 웅진 지식하우스, 2021.
- 우종영, 한성수 편, 『나는 나무에게 인생을 배웠다』, 메이븐, 2019.
- 윤대현, 『일단 내 마음부터 안아주세요』, 위즈덤하우스, 2019.
- 이랑주, 『오래가는 것들의 비밀』, 지와인, 2019.
- 이승희, 『기록의 쓸모』, 북스톤, 2020.
- 정지원, 원충열, 유지은, 『맥락을 팔아라』, 미래의창, 2017.
- 조 풀리지, 강혜정 옮김, 『콘텐츠로 창업하라』, 세종서적, 2017.
- 조나 버거, 정윤미 옮김, 『컨테이저스 전략적 입소문』, 문학동네, 2013.
- 조재형, 『하우 투 딴짓』, 북스톤, 2021.
- 킨드라 홀, 이지연 옮김, 『스토리의 과학』, 윌북, 2021.

롱런 브랜드를 만드는 35가지 콘텐츠 공식

감성 콘텐츠

1판 1쇄 발행 2022년 3월 22일
1판 2쇄 발행 2022년 3월 31일

지은이 가혜숙
펴낸이 박선영

편집장 이효선
책임편집 김지수
마케팅 김서연
디자인 씨오디
발행처 퍼블리온
출판등록 2020년 2월 26일 제2020-000051호
주 소 서울시 영등포구 양평로 157, 408호(양평동 5가)
전 화 02-3144-1191
팩 스 02-3144-1192
전자우편 info@publion.co.kr

ISBN 979-11-91587-13-5 03320

* 책값은 뒤표지에 있습니다.